관계로
부흥하라

관계적 목회사역의 이론과 실제

관계적 목회사역의 이론과 실제
관계로 부흥하라

1판 1쇄: 2018년 6월 15일

저자: 조종환
편집: 강신덕
디자인: 오인표
홍보/마케팅: 김일권 지동혁
펴낸이: 오세동
펴낸곳: 도서출판 토비아
등록: 426-93-00242
주소: (04041) 서울특별시 마포구 와우산로 73(홍익빌딩 4층)
　　　T 02-738-2082 F 02-738-2083

ISBN: 979-11-89299-01-9
책값은 뒷 표지에 있습니다. 무단 전제와 복제를 금합니다.

관계로 부흥하라

관계적 목회사역의 이론과 실제

저자 조종환

도서출판사 **TOBIA**

추천사
부흥을 위한 각별한 시도

　구약에서 관계는 '아는 것'을 의미한다. 상대하는 사람을 만나보고 경험해보고 그리고 체험하여 느낀 바를 이야기할 수 있는 것이 바로 관계한다는 것이다. 관계라는 말은 그래서 매우 성서적이라고 할 수 있다. 하나님은 인간과 관계하시며, 인간은 하나님과 관계한다. 물론 인간도 인간과 관계한다. 중요한 것은 관계하여 아는 것이 하나님 중심이어야 한다는 진리일 것이다. 관계하여 아는 일이 각자 자기 욕망과 필요를 채우는 것에서 멈춘다면 그것은 성서적인 앎이나 관계는 아닐 것이다. 그런데 성서는 이 관계 아닌 관계들이 세상에 난무한다고 말한다. 하나님 안에서 바르게 아는 것을 무시한 채 자기 중심으로 자기 욕망을 채우는 앎이 세상에 가득한 것이다. 하나님은 그것을 슬퍼하셨다. 때로는 진노하셨다. 그리고 바로잡기를 원하셨다. 결국 하나님께서는 온전한 관계를 이루기 위한 사역자들을 세상에 보내셨다. 교회는 그 첨병일 것이다. 교회가 만일 성서적으로 바른 관계를 내외로 이룬다면 그래서 그렇게 온전한 관계 가운데 부흥을 이룬다면 그것은 하나님께서 크게 기뻐하실 일이다.

　오래전부터 존경하는 마음으로 관계를 나누던 조종환 목사님께서 각고의 고민과 연구 끝에 새로운 책을 내셨다는 이야기를 듣고 기뻤다. 얼른 원고를 읽어보았다. 그리고 그것이 지극히 성서적인 관계에 관한 이야기임을 알고 크게 기뻤다. 목사님의 헌신어린 연구를 통해 교회가 드디어 부흥을 위한 각별한 시동을 걸 수 있게 되었다 싶었다. 부디 이 책을 읽고 공부하는 목회자들과 신학생들이 성서적으로 바른 관계의 자리에 나아갈 수 있게 되기를 바란다. 그래서 하나님 안에서 관계로 부흥하는 것을 경험하게 되기를 바란다. 다시 한 번, 목사님의 관계적 사역을 통한 큰 부흥을 기대한다.

노세영 교수
서울신학대학교 총장

추천사
관계는 목회의 핵심이다

『관계로 부흥하라』는 관계 지향적 목회의 정수(精髓)다. 저자는 목적 성취를 위해 관계를 소홀히 했던 아픈 경험을 통해 관계의 중요성에 눈을 떴다. 이 책은 올바른 관계의 영성과 성경적 관계의 신학을 통해 아름다운 관계 공동체를 세우는 법을 알려준다.

조국교회와 이민교회는 관계의 불화 때문에 몸살을 앓고 있다. 우리가 경험하는 것처럼 통하지 않으면 고통이 임한다. 고통은 관계의 단절과 갈등과 불화에서 온다. 관계 단절은 소외감과 불안을 불러온다. 반면에 관계 회복은 기쁨과 화평과 화목을 불러온다. 이 책은 관계의 소외감과 불안에 대한 성경적 해결책을 알려준다.

저자는 관계 지향적 리더십의 원리를 삼위일체 하나님과 십자가를 통해 제시해 준다. 그런 까닭에 이 책은 진귀한 보석같다. 십자가는 소외된 인간을 하나님과 이웃과 연결시켜주는 사랑의 현주소다. 십자가는 하나님과 인간, 인간과 인간 사이에 다리를 놓아준다.

이 책은 관계 중심적 목회 리더십의 핵심을 간파한 보배로운 책이다. 저자는 이 책에서 관계란 무엇이며, 왜 관계가 중요하며, 관계를 무너뜨리는 원인이 무엇이며, 어떻게 관계를 회복시킬 수 있는가를 알려 준다. 저자는 관계 지향적 목회가 오히려 거룩한 목적을 성취하는데 도움이 된다고 강조한다. 그 이유는 하나님이 추구하시는 목적은 바로 관계에 있기 때문이다.

이 책을 건강한 관계 공동체를 세우기 원하는 사역자들에게 추천하고 싶다. 또한 아름다운 관계 공동체를 갈망하는 성도들에게 추천하고 싶다. 이 책을 하나님과의 관계와 성도들 간의 아름다운 관계를 통해 진정한 부흥을 갈망하는 모든 분들에게 추천하고 싶다.

강준민 목사
엘에이 새생명비전교회

차례

추천사 / 04

서론 / 08

1장 관계적 목회사역의 신학 / 23

2장 성서가 말하는 관계적 목회 / 57

3장 관계로 세우는 교회 / 93

4장 관계적 목회 사역의 실제 / 127

5장 부흥하는 목회사역을 위하여 / 171

서론
관계가 부흥의 길을 연다

나는 참으로 목적지향적인 사람이다. 나는 원하는 바, 목적하는 바가 주어지면 거기에만 집중한다. 나는 목적하는 바를 이루기 위해서라면 모든 것을 동원한다. 모든 가용 인력과 자원과 능력을 활용하여 내가 목적했던 바를 이루기 위해 최선을 다한다. 그리고 꼭, 그것을 성취한다. 이런 식의 자세는 꽤 오래전부터 내 몸과 마음에 굳은살처럼 박혀있었다. 그렇게 목적지향적인 자세와 마음으로 젊은 날들을 보냈다. 가끔 아내와 자식들이 그런 나의 모습을 힘들어하기도 했다. 그러나 나는 개의하지 않았다. 함께 일하던 직장의 동료들 역시 나의 목적지향적인 태도들을 견디기 어려워했다. 그러나 나는 그들의 그런 볼멘소리들을 열심히 사는 사람에게 주어지는 당연한 훈장이라고 생각했다. 목적을 이루려면 어쩔 수 없다고 생각했다. 그 목적이 나만의 편리와 영광을 위한 것이라면 그렇지만, 그 목적하는 바가 우리 모두에게 좋은 일이라면 그들은 나의 목적지향적 사고와 태도를 받아들여야 한다고 생각했다.

    나이 들어 목회를 시작했다. 목회의 자리에서도 나는 여전히 목적지향적인 사람이었다. 하나님께서 주신 사명을 수행하면서 나는 목적지향적 인간관에 대해 더욱 천착하게 되었다. 내 눈에는 신학공부를 하면서 사역을 하면서 만나는 모든 역사적 신앙 위인들이 목적지향적인 사람들로 보였다. 하나님의 부름 받아 백 년 넘게 배를 만들었다는 노아가 그랬고 하란에서 부름받은 아브라함은 더더욱 그랬다. 그들 모두는 하나님의 부르심을 받은 후 가족들의 희생을 감수하면서까지 목적하는 바를 이룬 위대한 사람들이었다. 모세와 여호수아 같은 사람들은 더더군다나 위대한 목적성취가들이었다. 그들은 공동체 내외에서 발생하는 어떤 역경에도 굴하지 않고 하나님께서 그들에게 맡기신 일들을 완수했다. 바울을 다시 보게 되었을 때 나는 평신도일 때 보지 못했던 바울의 저돌적인 모습을 보았다. 나는 바울이야 말로 목회자로서 내가 본받아야할 가장 전형적인 목적지향적 인간이라고 보았다. 그 뿐이 아니었다. 나의 목적지향적인 관점은 예수님에게도 발견 될 만한 것이었다. 내 눈에 보기에 예수님은 누구보다 더 목적지향적인 분이셨다. 예수님께서는 세상을 구원하시기 위해 이 땅에 오신 후 십자가를 향하여 쉬지 않고 달려가셨다. 그리고 십자가 사역을 완수하셨다. 제자들과 가족들의 볼멘소리 따위, 바리

새인과 사두개인 등 당대 사회 지도자들의 방해는 예수님 가신 길에 작은 걸림돌일 뿐이었다.

나는 결국 안수 받고 목회하는 내내 나의 목적지향적 성향을 훌륭한 것이라고 여겼다. 목적을 분명하게 하고 방향을 세운 뒤 그 길로 맹렬하게 달려가는 것이야 말로 목회자가 하나님과 교회, 세상을 향하여 보여주어야 할 궁극의 모습이라고 생각했다. 그동안 나를 거쳐간 부교역자들과 평신도 지도자들, 혹은 지금도 나와 함께 사역하는 부교역자들과 교회의 평신도 지도자들은 나의 이런 모습을 놀라워해 왔고 또 어려워해 왔다. 출신인 충청도 사람의 느릿한 말투에 비하여 일을 만들거나 추진하는 속도는 매우 빠르고 강력했기 때문이다. 덕분에 실족한 친구들이나 동료들도 많이 있었다. 그들은 나의 과도하게 일에 집착하는 태도와 목적만을 지향하는 태도에 지쳐하고 힘들어했다. 그들이 그렇게 힘들게 반응하는 내내 나는 그 반응을 당연한 듯 받아들였다. 그러나 위로하지는 않았다. 혹 떠나가는 사람들이 있으면 애써서 붙들려고 하지도 않았다. 오히려 버티지 못하고 더 강력하게 추진하지 못하고 피하는 부교역자나 평신도 지도자들을 비판했다. 목회자로서 나의 마음은 아직 혈기 왕성한 젊은이의 그것이었다.

그러는 사이 사역하는 교회에서는 몇 가지 어려움들이 있었다. 나의 일하는 모습을 좋아해 주는 분들도 있었지만, 힘들고 어려워하는 사람들도 있었던 탓이다. 그러는 가운데 나도 한 가지 깨달은 것이 있었다. 목적지향적인 목회 사역 내내 나를 반대하고 나를 비판하던 사람들과의 관계에서 서로에게 상처 주는 일들이 종종 있었는데, 나 역시 그 상처를 입었다는 사실을 알게 된 것이다. 상처만 받은 것이 아니었다. 그 상처는 쉽게 아물 지도 않았다. 상처는 내 마음과 영혼에 깊은 흔적을 남겼고 사역하는 내내 내 영혼과 마음 깊은 곳까지 스며들었다. 새벽에 기도하다보면, 금요일에 기도하다보면, 또 사무실에서 문득문득 그 상처들이 마음 깊은 곳으로부터 올라와 나를 쇠약하게 만들었다. 신기하게도 나를 어려워하는 사람들, 나를 비판하던 사람들 그리고 나를 떠난 사람들에게서 얻은 상처는 치유되지 않았다. 나는 그 상처들을 알게 된 순간, 그 상처들이 아프다는 것을 알게 된 순간 주저앉았다. 그리고 쇠잔해졌다. 목회가 힘들었고 사람들이 두려웠다. 담임목회자라는 자리에 앉아 있었기에 해야 했던 의무들 외에는 아무 것도 할 수가 없었고, 하기 조차 어려웠다. 직장생활과 사업, 그리고 목회를 시작 한 이래 인생 처음 위기라는 것을 경험하게 되었다.

그런 가운데 나는 그 모든 것이 관계(relationship)의 문제라는 것을 알게 되었다. 관계가 모든 것의 시작이고 모든 것의 종착점이라는 것을 알게 된 것이다. 나는 관계에 관하여 전문적인 사역을 하는 세미나와 교육에 참여하고서 깊은 감동을 받았다. 관련하여 별도의 공부를 하면서 그동안 내가 외면해 온 '관계'라는 것이 인간 삶에, 특히 하나님께서 창조하신 세상이 돌아가는 방식에서 깊은 원동력이 된다는 사실을 알게 되었다. 나는 잠시 동안 관계를 깊이 묵상했다. 특히 요한복음 21장에 대한 묵상은 내 인생 깊은 곳으로 그물을 다시 던진 경험이었다. 예수님께서는 나에게 전혀 다른 방식의 목회적 지경을 열어 주셨다. 그렇다고 급작스런 삶의 회복과 부흥이 있었던 것은 아니다. 그 이후에도 나의 목회 사역은 지난했다. 어떤 것은 나의 목적지향적인 태도 때문이었고, 어떤 것은 그들의 여러 태도들 때문이었다. 총체적으로는 관계의 문제라고 할 수 있는 이슈들이 나의 목회 현장 여기저기서 넘실거렸다. 나는 조용히 그리고 끈질기게 하나하나의 문제들을 묵상하고 기도했다. 그 모든 이슈들 가운데 하나님께서 원하시는 것이 무엇인지를 알기를 원했다. 정답은 관계에 있었다. 하나님과의 관계 그리고 이웃 및 형제와의 관계라는 관점은 여러 가지 흩어진 난제들을 생각보다 일목요연하게 정리하게 도와주었다. 그리고 생각지 못한 곳에서 문제 해결이 되는 실마리가 되기도 했다.

나는 그 깨달음과 교훈을 책으로 옮겼다. 나의 첫 책, 『관계적 목회 리더십』이 그것이다. 이 책은 목회 현장에서 발생할 수 있는 갈등과 갈등의 교착, 분열이라는 이슈를 다룬다. 우리는 서로 다를 수 있다. 그런데 우리는 그 다름을 다루는 방식에서 실패한다. 그러다보니 관계가 어그러진다. 어그러진 관계에서 결국은 갈등과 분열이 싹을 틔우고 깊은 골을 만들어 낸다. 이 책은 관계라는 것이 생각보다 정서적인 문제이고, 테크니컬한 문제라는 것을 말한다. 무엇보다 이 책은 그 정서적이고 심리테크니컬한 차원의 관계가 목회라는 정황에서 어떻게 이슈가 되고 문제가 될 만한 양상으로 발전하는지에 대해서도 이야기한다. 그렇다고 해서 관계상 발생하는 문제들이 전혀 치유 불가능한 것은 아니라고 보는 것이 이 책 『관계적 목회 리더십』이 말하는 것이다. 하나님께서 관계 안에서 사역하신 한, 그리고 예수님께서 관계라는 실존 시스템 안에서 헌신하신 것인 한 목회에서 발생하는 관계적 문제들은 해법이 있다고 말하는 것이다. 물론 나는 그 해법의 상당부분을 요한복은 21장에서 찾았다. 이 책은 하나님과의 사랑 관계가 무엇보다 중요하다는 것, 하나님과의 사랑 안에서 이웃과 형제와의 관계를 풀어가야 한다는 것, 그러나 무엇보다 예수님 십자가의 길을 따르는 것이야 말로 관계상 문제를 극복하는 가장 중요한 첫 단추가 된다는 것을 말했다.

실제로 그랬다. 예수 그리스도의 십자가는 인간 모든 틀어진 관계 회복의 실마리였다. 구원신학을 말하는 모든 신학자들과 목회자들이 이구동성으로 동의하는 바는 낮아지심과 섬김, 희생과 십자가 죽으심은 인간이 하나님과의 관계를 회복할 수 있는 중요한 단초라는 것이다. 예수님의 십자가 구원 사역은 나아가 교회와 목회상의 관계 회복에도 중요하다. 교회는 예수님의 십자가 신앙에 대한 공동의 고백 내용에 대해서 집중해야 하지만, 또 예수님의 십자가 사역이 보여준 관계적 방법에 대해서도 깊은 조예를 가져야 한다. 교회와 목회 사역이 예수님의 십자가 사역 방식에 대해 집중하면 할수록 교회 내 관계는 타락한 인간의 실존적 현실에 근거한 그 실체적 진실을 드러낼 것이다. 교회가 만일 드러난 실체적 진실을 받아들이고 거기에 예수 그리스도의 십자가 신앙 고백을 실천적으로 적용하게 된다면 교회 내 관계는 현재의 모습보다 더 교회다운 관계로 진일보하게 될 것이다.

교회의 십자가에 대한 일관된 신앙 고백과 십자가를 중심으로 하는 사역 실천은 늘 교회 부흥을 성취하는 견인차가 되어 왔다. 역사 이래로 십자가에 대한 공동의 신앙고백이 있었던 교회와 공동체에는 언제나 큰 부흥이 뒤따랐다. 이것은 매우 사도행전적인 즉, 초대교회적인 부흥의 모습이다. 관계적 교회 역시 마찬가지이다. 교회 안에서 온전한 관계를 세워 가는 것을 목적으로 하는 관계적 교회의 목회 사역은 언제나 십자가 신앙을 가르쳐야 한다. 십자가 신앙에 근거한 관계를 구축해 나아가야 한다. 그렇게 할 때 교회의 관계는 하나님 보시기에 합당한, 예수 그리스도의 제자 공동체다운 모습으로 진일보할 수 있다. 그리고 십자가 신앙에 근거하여 관계를 형성해 나아갈 때 교회는 참으로 교회다운 부흥을 이루게 된다.

관계는 결국 교회가 십자가 신앙 가운데 안정적으로 부흥할 수 있는 가장 중요한 원동력이 된다. 관계를 지향하는 목회 사역은 그래서 기본적으로 삼위 하나님에 대한 깊이 있는 이해와 하나님의 구원자로 오심과 관련된 십자가 신앙을 전제로 한다. 나는 이것을 깨닫는 순간, 목적지향적 목회 사역과 관계지향적 목회 사역의 양단 사이 지혜로운 길을 발견했다. 거기 예수님의 십자가가 있었던 것이다. 예수님의 십자가 길은 단순히 목적지향적이거나 혹은 그 대척점으로서 관계지향적이지도 않다. 예수님은 그 두 길 사이에서 하나님께서 벌이는 지혜로운 경륜의 결정체이다. 한편으로 볼 때 예수님의 십자가는 하나님 나라를 성취하는 길로서 목적지향적이다, 다른 한편으로 볼 때 예수님의 십자가는 당신과 그 길을 같이 가는 이들을 향한 포용으로서 매우 관계지향적이기도 하다. 중요한 것은 예수님의 십자가 길을 이 양단 어느 한쪽으로만 해석하려는 주관적 태도이다. 우리는 예수님께서 하나님 나라라는 목적을 이루기 위하여 타겟을 분명하게 하신 채 맹렬하게 달려가셨음을 잘 알고 있다. 또 우리는 그 달려가시는 길에 동행하는 당신의 동역자들과 제자들을 꾸준히 격려하시며 그들과 눈높이를 맞추셨음도 잘 알고 있다. 공관복음서와 요한복음은 결국 그 양단 사이 적절하여 지혜로운 길을 모색하신 이야기들로 가득하다. 나는 이 중요한 맥락을 이해하면서 인생 후반전의 중요한 사역적 도약이 가능하게 되리라는 것을 알게 되었다. 그래서 하나님께 감사했다.

  이 책은 약 2,3년에 걸친 준비기간을 거친 후 만들어졌다. 이 책을 만들기 위해 나는 여러 사람들과 특별한 대화를 가졌다. 특히 터치바이블선교회 사역자들과의 대화는 그들이 가진 성서적인 해박함과 깊이, 그리고 풍성함을 차용할 수 있는 기회였다. 아울러 나는 터치바이블선교회가 가진 사역적 적용 능력의 탁월함에도 많이 기대었다. 그들은 나의 관계적 목회 사역이 어떻게 사역 현장에 실질적으로 서야 하는지에 대하여 귀중한 조언과 도움을 주었다. 내가 사역하는 공간 주변 같은 지방회 내 동역자들 역시도 내게 귀중한 조언자들이었다. 그들은 내가 활용하는 몇 가지 특이한 용어와 개념들이 어떻게 교회 현장에서 활용 가능한 언어로 바뀌어야 하는지에 대해 조언을 주었다. 무엇보다 나의 책에 대한 귀중한 조언자는 우리 오류동교회 성도들일 것이다. 오류동교회 성도들은 나의 목적지향적이어서 성마르고 조급하며 고집스런 목회 스타일을 예수님의 십자가 사랑 가운데 감내해주신 귀한 분들이다. 오류동교회 성도들은 그렇게 나로 하여금 성장할 기회와 시간을 주었고 참 목자로서 관계 안에서 바르게 설 수 있도록 배려해준 귀중한 동반자들이다. 이 모든 분들의 도움을 바탕으로 나는 이 책을 다음과 같이 구성하고자 한다. 독자들은 그리고 동료 목회자들과 학생들이 이 책을 내가 구성한 방식을 따라 잘 따라와 주었으면 좋겠다.

우선 1장에서는 관계에 대하여 철학적이고 신학적인 안목을 갖도록 하는 길을 열어 보려 한다. 세상은 생각보다 자기중심적이다, 세상은 그렇게 자기를 중심으로 나머지 모든 타자들을 상대화하고 도구화하여 이용하고 소비한다. 그런 세상 한복판에서 관계를 형성하고 관계를 지향하는 공동체를 구성한다는 것은 굉장한 사명을 요구한다. 그런 맥락에서 이 책은 마틴 부버의 실존주의 철학을 관계적 사역의 중요한 기반으로 여기고자 한다. 마틴 부버의 관계적 20세기를 연 철학은 곧바로 기독교 신학계에도 큰 영향을 끼쳤다. 신정통주의신학 특히 에밀 부르너의 신학이 그것이다. 그러나 기독교와 성서는 워낙에 관계적인 맥락을 갖고 있었다. 나는 초기 기독교의 신학적 발전에서부터 면면히 흘러 내려온 관계적 맥락에 대해 살피고 그것이 현대 기독교에 어떻게 영향을 끼치며 이어져가고 있는지를 간단하게 살펴보고자 한다.

　2장에 들어서서 나는 성서의 네러티브와 스토리들을 관계적 맥락에서 살피고자 한다. 이를 위해서는 스탠리 그랜츠의 탁월한 신학적 논의들을 차용하여 이야기를 전개하고자 한다. 성서는 한 마디로 관계의 책이다. 하나님의 창조와 섭리 그리고 구원과 종말의 거대한 메타 네러티브는 하나님의 관계 구축과 회복, 그리고 확장 및 완성의 스토리이다. 이 책은 그것을 성서가 갖고 있는 다양한 이야기들 가운데서 전개하고 해석해 보고자 한다. 그런 가운데 성서가 말하는 하나님의 사람들이 어떻게 하나님의 관계 회복 및 부흥의 사역에 참여하고 그것을 위해 헌신하게 되는지에 대해서도 살펴보고자 한다. 하나님의 사람들은 노아 이후 족장들과 이스라엘 백성들과 그리고 예수님의 제자들을 이어 초대교회 구성원들과 나아가 오늘 우리 모든 하나님의 하나 되고 거룩한 교회의 일원들을 이야기하는 것이다. 결국 관계로 바라보는 성서 이야기는 오늘 우리 모든 사역자들과 교회 구성원들을 하나님의 관계적 사역으로 부르심 가운데 세우고자 하는 데 큰 디딤돌이며 기반이 된다.

　3장은 관계에 관한 철학적이고 신학적이며 나아가 성서적인 논리와 이론들이 어떻게 교회라는 실질적인 사역의 현장 안에서 회자되고 정리되어 사역적 틀로 발전할 수 있는지를 살펴보고자 한다. 우선 폴 틸리히의 상관관계의 철학적 신학은 교회로 하여금 관계적 맥락 안으로 나아가도록 돕은 가장 좋은 이론적 도구이다. 폴 틸리히는 관계라는 것이 상대적이라고 보았다. 관계라는 것은 어느 한 쪽의 일방적인 전개가 아니라는 것이다. 그는 하나님과 인간의 관계가 바로 상호적이라고 말한다. 그리고 그 상호적 관계 안에서 하나님의 인간 실존 가운데 오심과 만남 그리고 구원이 실현된다고 보았다. 폴 틸리히의 생각은 동시대 기독교교육학자 루이스 쉐릴에 의해 사역적 측면에서 안정적으로 교회에 자리 잡게 된다. 쉐릴은 교회 공동체의 세심한 사역적 노력을 통하여 한 인간이 하나님을 경험하고 만나 실존적 고양으로서 구원을 경험하게 된다고 보았다. 결국 틸리히와 쉐릴의 탁월한 생각은 오늘 교회를 관계적으로 풀어가고자 하는 이들에게 든든한 교두보가 된다. 문제는 관계를 보다 심층적으로 그리고 심리적 실제로 살펴보면서 발견되는 정서적 문제들이다. 도널드 리처드슨은 이런 정서적 문제들을 관계라는 맥락에서 풀어낸 중요한 연구자이다. 그는 특히 정서적 문제들이 교회 내 관계들 내에서 서로에게 끼치는 영향과 그 결과들에 대해 면밀하게 조사하고 연구했다. 그리고 안전한 거리감과 같은 심리학적으로 중요한 용어들을 교회 내 안정적인 관계 형성 사역에 끌어들였다. 더 나아가 교회가 관계 안에서 사역하게 될 경우 필요한 몇 가지 심리학적 기제들도 제안했다. 이 책에서는 폴 틸리히의 신학적, 철학적 관계론과 쉐릴의 기독교교육적 맥락에서의 관계 사역의 전개를 기반으로 교회 공동체의 정서적 맥락을 고려한 관계 사역의 가능성도 살피고자 한다.

그래서, 마지막으로 4장에서는 관계에 관한 보다 실제적인 제안을 하고자 한다. 어쨌든 관계라는 것은 매우 실제적인 것이다. 관계라는 것은 실제로 교류하는 사람들 사이에 발생하는 그 무엇이다. 그러니 관계를 이론적으로, 책으로만 공부하는 것은 합당하지 않다. 관계란 실제로 형성해보고 그런 가운데 실패하기도 하고 성공하기도 하면서 보다 나은 관계로 혹은 보다 못한 관계로 진행(proceed)하는 것이다. 이 책은 예수 그리스도의 십자가 사역에 근거하여 교회가 세워가야 하는 온전한 관계 즉, 하나님 나라를 향한 전초전으로서 교회의 부흥을 위한 관계 수립을 지향하는 가운데 그 관계의 건강한 형성 및 전개, 그리고 발전의 과정을 이야기하고자 한다. 이를 위해 나는 교회의 비전과 목적에 근거한 융합과 개별화의 문제, 그리고 정서적 관계 형성에서 드러나는 친근감과 거리감과 같은 중요한 도구와 개념들을 살필 것이며 그를 근거로 건강한 관계 발전을 위한 분석 프레임을 제안하고자 한다. 제안된 프레임은 현재 교회의 관계 추이들을 분석하고 설명하는 데에도 유용할 것이며, 나아가 보다 나은 건강한 관계로의 이행을 위해 필요한 목회적 사역 제안에도 유용할 수 있다.

단, 이 책은 제안하는 프레임에 대한 현장 분석이나 제안을 포함하지는 않는다. 아직 거기까지 이르기에는 고민과 공부의 한계를 많이 느끼고 있기 때문이다. 어쨌든 앞으로는 제안하는 프레임에 근거하여 관계적 맥락에서 각 교회 현장을 살피고 분석하여 제안하는 일도 해 볼 요량이다.

관계를 말하기 시작하면서 나는 많이 성장한 느낌을 갖는다. 육신의 성장판이 닫힌 지 꽤 오래 되었지만 정신과 영혼의 성장이 여전하다는 것을 느낀다. 이 책은 나의 영적, 정신적 성장에 관한 기록이다. 나는 교회 역시 관계 안에서 관계에 대한 진지한 고민을 통해 성장하고 부흥할 수 있다고 확신한다. 이 책은 관계에 대한 고민을 통해 교회의 부흥을 추구하는 이들에게 귀중한 동반자가 될 수 있다. 이 책은 교회의 건강한 성장과 부흥을 위한 귀중한 자원이 될 것이다. 힘들게 목회적 결과물을 만드는 내내 옆에서 묵묵히 기도해준 사모에게 그리고 자녀들에게 감사한다. 책의 기획과 제작, 출판에 도움을 준 터치바이블선교회와 토비아 출판에 감사드린다. 무엇보다 창립 50년을 맞이한 오류동교회의 적극적인 지원에 감사드린다. 이 모든 분들의 헌신과 도움은 나를 한층 더 건강한 목회자로 서게 해 주었다.

1장
관계적 목회사역의 신학

마틴 부버의 '나와 너' vs '나와 그것'

'관계'는 서로 얽혀 존재하는 것이다. 관계라는 것은 서로 독립적으로 존재하면서 서로에게 아무런 영향을 끼치지 않는 것에서는 더 할 말이 없는 것이 된다. 서로 연결되어 각자가 살아가는 방식에 대해 상호간 영향을 끼치는 것이야 말로 관계를 논의하는 핵심 가운데 핵심이 된다. 관계를 말하는 일에서 마틴 부버(Martin Buber)는 빼놓을 수 없는 이론적 기반이다. 부버는 자타 공인 관계라는 문제를 철학적으로 그리고 사회적으로 다루기 시작한 거의 최초의 사람일 것이다. 부버는 1878년 오스트리아의 빈에서 태어나 빈과 베를린 등을 오가며 공부했고 하이델베르크 대학 등에서 철학을 가르쳤다. 부버는 원래 유대인이었다. 유대인으로서 부버는 당대에 유행하던 유대교 하시디즘(Hasidism)에 깊은 관심을 갖고 있었다.

하시디즘은 히브리어로 '경건한 자'라는 의미인데, 당대의 유대교 철학을 주도하던 일종의 신비주의 사상이었다. 원래 19세기 중반 우크라이나에서 종교적 부흥운동의 일환으로 시작 되었는데 19세기 후반에 걸쳐 유럽과 미국 등지로 빠르게 퍼져나갔다. 우크라이나에서 일어난 이 종교 운동은 그러나 '바알 셈 토브(Baal Shem Tov)' 즉, '좋은 평판을 얻은 사람'으로 불리는 18세기 유대인 랍비 엘리에젤

(Israel Ben Eliezer)에 의해 시작되었다고 보는 것이 맞다. 유대교 하시디즘은 한 마디로 전 우주 만물에 하나님의 신성이 내재해 있다는 주장이다. 말하자면 만유재신론(萬有在神論)과 같은 것이다. 이러한 주장은 결국 모든 사물과 피조물이 하나님의 신성을 품고 있으니 인간이 만물을 사랑하는 것은 당연하다는 것을 가르친다. 결국 하시디즘은 모든 만물에서 구원의 가능성을 발견하게 된다. 그래서 하시디즘의 가르침을 받은 사람은 만물에 깃든 하나님의 신성을 바라보며 피조물을 사랑하고 아끼며 그것들을 위해 봉사하는 마음을 가져야 한다. 결국 하시디즘은 보편적 이념으로서 종교적 구원의 문제를 개개인의 일상성 즉, 충실한 것, 신실한 것, 관심 갖는 것 그리고 그것을 위해 봉사하며 사랑하는 것 등으로 심화했다.

부버는 이 하시디즘이 말하는 '모든 만물에 깃든 신성한 것에 대한 관심'에 깊이 빠져들었다. 그는 하시디즘이 말하는 구원의 보편성을 일상에서 실현하는 문제에 특히 주의를 기울였다. 그래서 하나님의 지으심을 받은 모든 피조물 특히 인간 각자에게서 하나님의 거룩한 신성을 발견하는 일이 무엇보다 중요한 과제라고 여겼다. 인간이 인간을 바라보면서 서로에게서 하나님의 신성을 발견하고 그렇게 거룩한 상대를 위해 봉사하고 헌신하며, 무엇보다 그를 사랑하는 일이 중요하다는 것을 강조한 것이다. 이런 식의 세계관 및 인간관은 이후 그의 일생 전반에서 그가 실천한 다양한 활동들을 통해 드러났다. 그는 유대인으로서 예루살렘에서 학생들을 가르쳤는데, 1965년, 생을 마감하는 날까지 인간과 피조물을 사랑하는 일에 대한 일관된 삶을 유지했고 말한 것과 행동하는 것 사이의 일치를 위해 몸소 모범이 되는 삶을 살았다.

부버의 사상적 핵심은 '나와 너(I and Thou)'라는 유명한 철학적 에세이에 잘 요약되어 있다. 그는 우선 근원어(根源語, primary word)에 대한 탐색을 시도한다. 부버는 인간의 존재됨을 '나와 너'의 '관계적 실존(relational existence)'으로 보았다. 그는 인간 존재가 원래 '나'와 또 다른 나로서 '너'의 관계 안에서 발견된다고 말한다. 곧 '나로 존재함'은 누군가 나를 알아주고 그 '나'를 나의 관계적 근원어로서 너로 불러주는 것에서 세계 가운데 드러나게 되는 것이다. 결국 나의 '나' 됨은 곧 타 존재로서 '나'가 '나'를 또 다른 나로서 '너'라고 불러줄 때 가능하게 된다. 사실 이것은 철학적인 동시에 굉장히 신학적인 명제이기도 하다. 내가 하나님의 피조물로서 하나님의 신성이 내주하는 존재라면 내가 만나 '너'라고 부르는 존재에게서도 '나에게 내주하여 계시는 하나님의 신성'이 존재함을 전제해야 한다. 그렇게 나는 또 다른 나를 너라고 부르고 그렇게 나와 너의 관계는 온전한 인간 실존의 중요한 기초 개념이 되는 것이다. 내가 '관계하는 가운데 너라고 부르는' 그에게서 하나님의 품성 혹은 신성을 발견하는 것이야 말로 인간됨의 중요한 출발지가 되는 것이다.

그런데 인간이 살아가는 세계에는 전혀 다른 존재 모습도 있다. 부버는 그것을 '나와 그것(I and It)'의 관계라고 말한다. 부버는 세상은 점차 '나와 너'의 관계가 아닌 '나와 그것'의 관계로 전환하고 있다고 보았다. 부버가 말하는 '그것의 세계'는 조직화되고 산업화된 세상의 모습이다. 그 세상에서 인간은 서로를 위해 서로 도구가 되고 '나'의 욕구와 필요 충족을 위한 이용의 수단으로서 '그것'일 뿐이다, 이 세계에서 나와 또 다른 나로서 너는 더 이상 서로에 대한 즉자적 관계 형성 대상이 되지 못한다. 그것의 세계에서 '나'는 혹은 '너'는 내가 원하는 무엇인가를 얻고자 하는 획득의 도구가 된다. 부버는 말한다. "응답이 강력하면 할수록 그만큼 강력하게 '너'를 속박하고 '너'를 대상이 되도록 얽매고 만다...모든 응답은 '너'를 '그것'의 세계 속에 얽매여 넣는다." 부버는 이런 식의 관계가 인간 존재를 알지는 못한다고 말한다. '그것'의 세계 속에서 인간은 상호 공동성 속에서나 발견되는 '나'의 존재 가치를 깨닫지 못하는 것이다. 나와 그것의 관계에서 인간은 서로 상응하는(corresponding) 존재로서 서로의 '나'됨을 지탱해줄 수 없다. 결국 이런 식의 관계는 사회의 조직이나 체제 등을 발전시킬지는 몰라도 인간을 인간답게, 특히 하나님의 피조물 된 인간답게 가꾸지는 못한다.

부버는 여기서 전환(transition)과 돌파(breakthrough)를 이야기한다. 인간은 '그것'의 세상이 갖는 아픔을 알고 그 병들을 이해한 뒤 '그것의' 악함을 논할 것이 아니라 '그것'이 '너'의 세상으로 전환 가능한 상태, '너'의 세상으로 돌파 가능한 것임을 분명하게 인식해야 한다. 그는 "너의 세계는 닫혀있는 세계가 아니다. 자기 존재를 기울여 거듭난 관계를 지향하는 힘을 가지고 '너'의 세계로 나아가는 사람은 자유를 깨닫게 된다."고 선언한다. 결국 오늘을 지배하는 '그것'의 가치관은 '그것'을 '너'로 전환하고자 하는 선각자들 즉, 자기 주체성을 깨닫고 자기 안의 신적 가치들을 깨달은 참 '나'들을 통해 '너'의 가치관으로 바뀌게 된다. 그 선각자들은 "나와 너 두 존재의 실재하는 결합의 힘을 믿고 있다."

부버의 깊은 생각은 여기서 멈추지 않는다. 그는 이제 '너'에 대해 깊이 통찰한다. 우리가 만일 '그것'의 세상으로부터 뛰쳐나와 참 '나' 됨을 통해 '너의 세상'을 경험하게 된다면, 그 세상은 과연 우리가 믿고 의지하여 우리의 존재를 보다 풍성하게 할 만한 것인가? 부버는 여기서 은혜(grace)가 아닌 의지(will)를 통해 온전한 관계로 이어질 수 있음에 대해 말한다. 사람이 인생 가운데 누군가를 만나게 되면 품게 되는 것은 '좋은 너'를 구하고자 하는 마음이다. 그러나 그것은 전적으로 틀린 전제이다. 온전한 '나와 너의 관계'는 우연히 다가오는 알지 못하는 상대방의 선함을 신적 은혜로 구할 일이 아니라 자기 자신의 온전한 나됨의 상호 의지적 실현으로 이루어야 한다는 것이다. 결국 부버에게 온전한 관계란 주체적 '나'의 온전함을 향한 의지가 서로 만나는 것이다. 온전한 '나'로 다가오는 타자인 '너'와의 만남은 온전한 '나'로 다가가는 타자인 '나'의 순전함을 통해 진정한 '나와 너'의 관계로 나아가게 된다. 그렇게 온전한 '나'끼리의 만남을 통해 우리는 관계의 상대자인 '너'가 가져오는, 서로가 알지 못하던 삶의 풍요로움을 공유하게 된다.

마틴 부버의 '나와 너' 생각은 사실 그가 시오니즘(Zionism)운동에 참여하는 가운데 만들어졌다. 그는 극단적인 시온주의자들의 주장 즉, 팔레스타인에 오직 유대인들만의 나라를 세워야 한다는 생각을 유보하고 아랍 사람들과 공생하는 가운데 그들을 위해 헌신하고 봉사하는 유대인들의 나라를 생각했다. 결국 그의 '나와 너' 관계 철학 혹은 신학은 팔레스타인이라는 한정된 공간에서 독립 국가를 수립하려는 유대인들과 그곳을 오랫동안 생활의 터전으로 삼아온 아랍 사람들 사이 공생하는 삶의 가능성을 말한 것이라 볼 수 있다. 말할 수 없을 정도로 적대적인 유대인과 팔레스타인 아랍인들 사이에서 서로에게서 하나님의 신성을 보고 체험하는 가운데 서로를 향한 '섬김'과 '사랑'의 관계 형성이 미래를 향한 돌파구라고 본 것이다.

부버의 생각은 20세기 내내 종교계 특별히 기독교 신학계에 막대한 영향을 끼쳤다. 그의 '나와 너' 관계는 결국 인간과 하나님 사이 단절된 관계성에 대한 재고를 이끌어 냈으며, 인간과 인간 사이 관계, 나아가 인간과 피조물 사이의 관계에 대한 진지한 성찰을 가능하게 했다. 부버의 생각이 유대교적이거나 특별히 하시디즘적이라 할지라도 그의 관계 자체에 대한 진지한 고찰은 오늘날 교회 내 사역적 관계, 신앙적 관계에 대해서도 많은 이야기를 가능하게 한다. 우리는 결국 교회 안에서 하나님과 관계하면서 또 동료 사역자들과 관계하면서, 무엇보다 성도들과 상호 관계하면서 그들 안에 있는 하나님의 형상을 볼 줄 알아야 한다. 그리고 그를 우리 삶의 도구가 아닌 하나님 안에서 맺어진 귀중한 관계상대로 여길 줄 알아야 한다. 나아가 그들과 우리 각자 사이에서 형성되는 관계가 '나와 너'의 관계로 발전하도록 의지를 갖고 노력해야 한다. 이것이야 말로 부버가 종파를 초월하여 현대를 살아가는 신앙인들에게 전하는 자신의 깨달음일 것이다.

에밀 부르너의 만남으로 확장되는 신앙과 사역

마틴 부버의 관계철학은 신학적 '만남(encounter)'의 문제로 귀결된다. 보이는 것이든 보이지 않는 것이든, 상상이든 실재이든 둘 사이의 만남이 없이는 관계란 여전히 요원한 것이기 때문이다. 그래서 부버는 상호 직접적인 영향(effect)이 일어나는 만남이 전제되지 않는 관계란 있을 수 없다고 말하면서 상호간 대면 즉, 만남의 중요성을 강조했다.

20세기 초반 등장한 소위 신정통주의 신학 계열은 마틴 부버의 관계 철학과 신학에 영향을 받았다. 정통신학을 재정립한 칼 바르트(Karl Barth)는 이 땅에 오신 하나님과 실존하는 인간의 만남은 인간 역사 변화의 근원적 힘이라고 말했다. 그러나 바르트의 신학은 아무래도 어거스틴과 칼빈의 전통을 회복하기 위한 노력의 일환이었다. 그는 인간의 편에서는 어떤 노력으로도 구원을 이룰 수 없다고 전제하고 오직 하나님의 아들 예수 그리스도를 통해 나타난 구원의 은혜로만 인간은 하나님과 만날 수 있다고 말했다. 흥미로운 것은 동시대 신학자 가운데 이 바르트의 위대한 견해를 반대한 사람이 있었다는 것이다. 바로 에밀 부르너였다.

에밀 부르너(Emil Brunner)는 바르트와 더불어 독일 신정통신학의 등장에 일조한 인물로서 누구보다 부버의 관계 철학을 깊이 있게 이해하고 그것을 개신교 신학에 적용한 신학자였다. 그는 그의 책 『인간과 하나님의 만남』(The Divine - Human Encounter, 1944)에서 오직 하나님의 은총으로만 하나님과 인간의 만남이 가능하다고 말한 바르트의 견해를 정면으로 반대했다. 자연 속 인간의 능력 가운데 하나님께 나아갈 수 있는 가능성이 있다고 주장한 것이다. 부르너는 일반계시와 특별계시의 이중적인 면이 종교개혁의 전통 가운데 존재하고 있었음을 강조하면서 일반계시의 측면에서 인간이 하나님을 경험하고 만날 수 있는 가능성이 열려 있음을 말하고 있다. 부르너는 루터나 칼빈과 같은 종교개혁자들에게 소위 '잔상' 개념이란 것이 있었다고 보았다. 잔상이란 창조 때 하나님께서 인간에게 부여하신 '하나님의 형상(the image of God)'이 타락한 인간에게 여전히 잔존하는 것을 의미한다. 결국 인간에게는 다른 피조물이 갖지 못하는 탁월함이란 것이 있고 그것이 인간됨(humanness)의 중요한 기반이라고 보는 것이다.

긍정적이고 가능성 있는 인간의 모습을 강조한 부르너는 이어서 인간의 현시대 삶을 고찰하면서 인간 삶에서 '관계'와 '만남'의 필요성을 전개한다. 부르너에 의하면 인간은 실존적으로 홀로 존재할 수 없다. 인간이 개별적이고 단독적으로 존재하는 것은 매우 불안한 것이며 그 불안함을 결국 인간의 관계와 만남을 통해 해결될 수 있게 된다. 결국 인간이 그 존재성을 온전하게 할 수 있는 길은 하나님, 피조물, 그리고 동료 인간과의 온전한 관계와 만남을 통해서 가능하게 된다. 부르너는 이 부분에서 부버의 관계 철학과 신학에 강력하게 동조하면서 인간이 관계와 만남을 통해 온전한 인간됨의 길을 열어갈 수 있다는 것에 대해 자신만의 신학적 견해를 전개한다.

"하나님을 알만한 것이 저희 속에 보임이라 하나님께서 이를 저희에게 보이셨느니라"(롬1:19). 부르너는 이 로마서의 말씀을 중요하게 여겼다. 부르너는 일단 바르트의 하나님 중심 계시활동과 하나님께서 예수 그리스도를 통하여 말씀하심으로 인간 구원의 가능성이 열리게 된다는 부분을 절대적으로 동조한다. 그러면서도 부르너는 인간에게 이미 주어진 가능성과 능력으로 하나님께 나아가 상호적인 만남이 가능하게 된다는 것을 강조하기도 했다.

정리하자면 부루너의 신학에서 중요한 것은 하나님 편에서의 주도성이다. 부르너는 인간과 피조물에게 명백하게 드러난 하나님의 신성이라는 것이 하나님의 선하신 뜻과 의도에 의해 주어진 것임을 강조한다. 그러므로 부르너에게 있어서 인간의 하나님 인지 가능성, 심지어 타존재와의 관계 가능성은 모두 하나님의 은혜로운 선물이라고 보아야 한다. 그런데 대부분 신앙 논리에서 하나님의 은총, 하나님의 은혜가 신앙의 전부라고 말하는 현실에서 부르너는 과감하게 인간 편에서의 주체적 가능성을 말한다. 그는 "구하라 그러면 너희에게 주실 것이요 찾으라 그러면 찾을 것이요 문을 두르리라 그러면 너희에게 열릴 것"이라고 말하는 성경의 구절을 인용하여(마 7:7), 인간 편에서도 하나님과의 신앙적 관계 형성에 필요한 노력을 기울여야 한다고 말한다. 그는 이것을 인간의 원초적 결단(man's original decision)이라고 말한다. 인간은 하나님의 존재를 인지할 가능성을 갖고 있으므로 그 가능성을 신앙적 결단으로 이어가야 한다. 부르너는 그렇게 하나님을 인지하고 하나님을 믿으며 하나님과 관계하는 것이야 말로 인간 존재 가능성의 진정한 길이라고 보았다. 문제는 하나님의 은총으로 관계가 시작되고 인간의 믿음의 노력으로 관계가 열리게 된다면 그 관계의 옳고 그름에 대한 판단기준은 여전히 인간의 인지와 믿음이라는 영역에 머물러 있으리라는 의심이다. 그래서 부르너는 마지막으로 신앙의 전제조건으로서 성경을 말한다. 인간의 의지와 인간의 믿음은 그 가능성에도 불구하고 여전한 불연속성(discontinuity)를 안고 있다. 그 믿음에도 불구하고 인관 관계라는 것은 타락과 죄로 인해 언제든 왜곡되고 변질 될 수 있다는 것이다. 결국 필요한 것은 예수 그리스도의 대속의 은혜이다. 그리고 그 대속의 역사가 고스란히 담겨 있는 성경은 인간의 하나님 인지와 믿음 그리고 그 모든 가능적 관계로 나아가는 진정한 안전장치가 된다. 성경은 인간에게 예수 그리스도를 통하여 하나님께 이르는 믿음의 보증을 제안하고 있기 때문이다.

에밀 부르너는 한 마디로 20세기 무차별한 문명 진보의 세계에 한 가운데 선 신학자였다. 부르너는 마틴 부버와 동일한 시대를 살아가는 가운데 당대의 세상이 기술적 진보만을 추구한 채 인간성을 상실해 가고 있음에 집중했다. 그는 인간 세상이 발전하는 기술 가운데 개별 인간들을 고립시키고 있으며 그런 가운데 세상에 대한 이해 가능성이나 대화 가능성, 나아가 관계 가능성 등을 상실하고 있다고 보았다. 기술 사회는 마치 벤담(Jeremy Bentham)이 말하는 판옵티콘(panopticon)처럼 인간을 개별화시키고 그들을 효율적으로 통제하는 것에 집중한다. 기술사회는 인간이 만들어내는 생산품에 집중하고 그 생산량 자체의 극대화를 추구한 나머지 인간이 인간을 상대하고 관계하는 가운데 주어지는 참 인간다움을 애써 외면해 버린다. 인간을 도구화 하고 인간을 상대적 수단으로 전락시킨 것이다. 부버는 바로 이 문제와 씨름한 사람이다. 그리고 인간성 회복의 길이 관계의 회복에 있음을 주장했다. 부르너는 부버의 주장과 동조하면서 인간 존재가 관계 안에서 온전해 질 수 있음을 주장하면서 현대사회의 무차별한 인간 도구화에 대해 저항했다. 그는 현대 사회 인간의 삶이 기술과 문명의 진보와 더불어 홀로됨의 두려움과 고통을 동반 발전시키고 있다고 보고 그것을 극복하는 기제로서 관계와 만남을 기반으로 하는 신학적 체계를 발전시켰다. 그가 간파한대로 진리를 깨우치고 진리를 얻기 위한 도구로서 관계와 만남은 수많은 사람을 도구화하면서 희생물로 전락시킨 잔혹한 20세기 내내 인간됨의 가능성으로 나아갈 등대와 같은 역할을 했다.

사실 에밀 부르너 또한 칼 바르트와 같이 신정통신학자군으로 분류된다. 그의 신학은 기본적으로 하나님과 그분 구원의 절대 계시로서 아들 예수 그리스도에게 집중되어 있다. 19세기 내내 진행되어온 계몽주의와 근대화 프로젝트들은 결국 인간을 고통스런 산업화 내지는 전쟁으로 몰아붙였다. 신정통주의 신학자들에 의하면 그 해답은 인간에 대한 무한한 기대와 희망을 품고 있는 자유주의 신학과 낭만적 계몽철학에 있지 않다고 보았다. 인간의 회복과 구원의 가능성은 오직 하나님의 은혜로운 행위, 하나님의 아들을 통한 위대한 진리 계시를 통해서만 가능한 것이었다. 중요한 것은 그 계시가 인간 실존에 임재하는 가운데 하나님의 진리이신 예수 그리스도와 인간의 실존이 서로 맞닥뜨리는 관계 형성, 만남이 일어났다는 것이다. 이 만남을 통해서만 인간은 구원의 길, 진리로 이르는 길을 얻게 된다. 여기서부터 부르너는 바르트의 신본위적 사상과 궤를 달리하면서, 인간 안에 있는 가능성 개발의 여지를 주장하면서, 하나님의 계시와 인간의 믿음이라는 행위를 통한 관계 형성, 그 은혜로운 만남에 대해 이야기한다. 그렇게 그는 독특한 관계 신학자로 자리매김하게 된 것이다. 부르너의 사상은 이후 교회실천 특히 목회와 교육 사역에 지대한 영향을 끼쳤다. 그의 만남 개념은 인간을 하나님과 만남의 자리로 나아가도록 안내하는 사역의 길을 열었으며 하나님과의 만남을 기반으로 다른 인간 및 피조물들과 더불어 온전한 관계로 나아가는 교회적 실천 및 목회적 실천과 교육적 실천의 길을 활짝 열었다.

어쨌든 부르너는 만남을 인간이 하나님과 더불어 살아가는 것에서 중요한 전제라고 말한다. 인간은 하나님에 대한 신앙을 전제하는 관계를 통하여 세상 가운데 살아가면서 진리를 간파할 수 있으며 진리 가운데 온전한 삶을 영위할 수 있게 된다. 인간이 하나님에 대한 신앙을 전제로 일구는 관계적 삶은 결국 하나님을 포함하는 상호간 대화의 여지와 가능성을 무한대로 확대하는 것을 의미한다. 결국 하나님, 그리고 인간 및 피조물과의 관계 형성은 부르너가 말하는 '만남(encounter)'의 장을 열게 해 준다. 부르너가 말하는 만남이란 그리스도 안에서 하나님과 세상, 인간과 인간, 인간 대 피조물이 그 대적하는 관계를 극복하고 서로 화해하는 가운데 온전한 회복을 이루는 진정한 구원의 길이다. 예수님은 스스로 말씀하신 바와 같이 자신의 십자가 사랑으로 이루는 하나님의 사랑 안에서 만남을 통하여 모든 인간과 피조물을 온전하게 하시는 "길이요, 진리요, 생명이시다." 인간은 결국 하나님의 은혜와 자신의 믿음 안에서 상호 관계를 형성하는 가운데 만남을 이루고 그 만남으로 하나님의 진리와 참 인간됨의 구원의 길을 얻게 되는 것이다.

관계적 하나님의 재발견

서구신학이 다루는 하나님에 대한 주제는 언제나 삼위일체(the Godhead)에 집중되어 있다. 삼위일체는 사실 신비(a mystery)다. 삼위일체는 이해되고 설명되기 보다는 그것을 믿음 가운데 고백함으로서 신앙하는 이들과 공동체에게 사실과 진리로 받아들여진다. 그렇다고 해서 삼위일체에 대한 설명 시도와 학자와 목회자들 사이 논쟁이 신비라는 한 마디로 요약되어 더 이상의 설명이 금기시된 것은 아니었다. 삼위일체를 설명하거나 그것에 관하여 논쟁하는 일은 꺼려지기는 했어도 늘 연구 시도할만한 대상으로 여겨졌다.

삼위일체 논쟁은 언제나 두 가지 축 사이에서 발생해왔다. 하나는 일원론적 생각이다. 하나님은 한 분이시며 삼위는 그 드러나는 겉모습에 가깝다는 생각으로 치우친 사상이다. 다른 하나는 그 대척점에 선 다원론적 생각이다. 하나님은 한 분이시지만 동시에 세 분이시기도 하다는 생각이다. 이렇다보니 다원론적 생각은 다신교적 색채를 지울 수 없고 일원론적 생각은 예수님이나 성령님이 하나님이시기보다는 그 부속하는 존재이거나 별다른 존재로 여겨지는 경향이 강하게 되었다. 삼위일체 논쟁은 언제나 그렇듯 일원론적 하나님과 다원론적 하나님 사이에서의 일종의 신앙 논리적인 선택이었다.

관계의 중요성을 말하는 신학에서 당연히 삼위일체는 다원론적 신론으로 치우치는 경향이 많이 나타나게 된다. 이런 식의 관계적 삼위일체론은 사실 오래전 교부신학이 발원하던 초기 시절에서 그 근원을 찾을 수 있다. 우선 가파도키아(Cappadocia) 학파의 바실(Basil)이나 그의 형제 그레고리(Gregory) 등은 기본적으로 삼위 하나님을 관계적인 차원에서 말하고 있다. 그들은 니케아 종교회의의 아타나시우스에 동의하며 그가 이룬 삼위일체 신앙의 핵심을 더욱 심화하고 정교하게 만들었다는 평가를 받는다. 그런데 그들이 말하는 삼위 하나님은 각 위에 계신 하나님이 관계적으로 상호작용하는 하나님이다. 그들은 이것을 헬라어의 독특한 전치사 활용 구조 속에서 의미 있게 설명해 내고 있다. 그래서 삼위 하나님이 어떻게 존재하는지에 대한 일단의 의미 있는 설명 가능성을 열었다.

현대 신학자 가운데에도 이런 관계적 하나님 설명을 시도했던 사람들이 있었다. 몰트만(Jurgen Moltmann)이나 그리스정교회의 지지올라스(John Zizioulas) 등은 삼위의 각 격으로서 하나님이 상호 관계하는 가운데 하나됨과 구별됨을 갖는다고 말했다. 하나님의 각 위격은 서로 관계하는 가운데 구별되기도 하고 동시에 서로 관계하는 가운데 하나됨을 이루기도 한다는 것이다. 일단, 몰트만은 관계적으로 존재하시는 하나님의 개념 속에서 서구신학이 맹목적으로 추구해온 일원론적 삼위일체론을 넘나들었다. 물론 이런 주장으로 그는 한 분 하나님이 아닌 세 신 하나님을 이야기한다는 비난을 받기도 했다. 몰트만과 비슷한 입장을 취한 지지올라스는 기본적으로 사회적 관계로서 삼위 하나님이라는 개념을 제창했다. 지지올라스는 기본적으로 가파도키아 학파의 주장을 추종하면서 삼위 하나님의 상호적 관계의 코이노니아(koinonia)가 하나님의 본체라고 말한다. 그는 성부와 성자, 그리고 성령 하나님은 공동체됨 가운데서 상호간 자유롭게 서로를 향하여 관계하며 사역한다고 보고 이런 식의 상호간 관계 사역이야 말로 삼위 하나님의 본체라고 말한다. 삼위 하나님은 그 공동체성 안에서 자기 특성을 가지고 상호간 경계를 뚫고 서로를 위하여 헌신한다. 물론 지지올라스의 견해는 삼위 하나님 가운데 성부 하나님에게 지나치게 의존한다는 면에서 사람들 사이에 비판을 받기도 한다.

그러나 몰트만이나 지지올라스 등 현대 신학자들 사이에서 이루어진 관계적 규명으로서 하나님 존재에 대한 이해는 신학적으로나 교회론적으로 그리고 사역적 측면에서 매우 중요한 진일보를 가능하게 했다. 일단 몰트만이나 지지올라스와 같은 관계적 하나님 존재 규명을 시도하는 학자들은 일단의 비판가들이 말하는 것처럼 성부 하나님께만 매여 있는 삼위일체를 말하지 않는다. 그들은 하나님의 세상을 창조하시고 구원하시며 새로운 하나님 나라를 이루시는 역사적 여정에서 하나님의 자기를 드러내심의 방식에서 때로는 성부 하나님이, 때로는 성자 하나님이, 그리고 때로는 성령 하나님이 중심과 시작을 이룬다고 보았다.

말하자면 창조의 시점에서 동등적 관계로서 상호 협력 가운데 세상을 창조하신 하나님은 이제 그리스도의 십자가 사역 가운데 성부 하나님이 아들 하나님을 세상에 보내시고 성령 하나님이 그 아들 하나님을 도우시는 관계로 사역하신다. 이어서 부활이후에 성자 하나님은 성부 하나님을 통하여 주님(the Lord)이 되시고 아들 하나님은 성령 하나님을 교회와 세상에 파송하셨다. 마지막으로 종말의 시점에서 성령 하나님은 만물을 새롭게 하시고 성자 하나님을 통하여 이 땅에 새로운 나라를 시작하신다. 그래서 최종적으로 성부와 성자 그리고 성령 하나님은 종말의 하나님 나라에서 모두 영광을 받으시게 된다.

관계의 맥락에서 삼위 하나님의 존재성을 구체적으로 살핀 현대 신학의 공헌은 아무래도 그렌츠(Stanley Grenz)에게 돌아가야 할 것 같다. 그렌츠는 그 신학적 탁월함에도 불구하고 젊은 나이에 고인이 된 안타까움이 있긴 하지만 그의 명저인 『조직신학: 하나님 공동체를 위한 신학(Theology for the Community of God), 2016』에서 상호 관계적으로 존재하시는 하나님에 대한 예리한 논리 추적을 시도했다.

그렌츠는 하나님에 대한 이해를 추상적 사고 영역에 제한하지 않았다. 그는 하나님의 존재하심이 우리 인간 및 피조물과의 관계성 속에서 파악될 수 있다고 보았다. 하나님의 창조와 하나님의 구원, 하나님의 당신의 나라를 향한 인도하심 등은 모두가 하나님의 존재 그 자체를 고스란히 드러내는 것이다. 그리고 하나님은 이 모든 역사 안에 자기를 드러내심을 자기 존재방식을 통해 이루셨다. 세상 가운데 드러나신 하나님은 그래서 공동체적이시다. 그렌츠는 몰트만이나 지지올라스 특히 가파도키아 학파의 선배들이 일구어놓은 삼위 하나님의 공동체적 존재하심을 보다 심도 있게 다루면서 하나님을 사랑 가운데 상호 관계하는 존재방식으로 삼위 하나님이라고 규명했다. 그에게 있어서 하나님은 "사랑의 공동체"이시다.

그런데 중요한 것은 이 삼위 하나님이 상호간 "자기 내어줌(self giving)"으로 공동체 안에서 존재하신다는 것이다. 성부 하나님은 하나님의 신적 사랑 아가페 안에서 성자 하나님에게 그리고 성부 하나님에게 자기 사랑을 내어주신다. 역시 성자 하나님은 사랑의 공동체 됨 안에서 그리고 세상을 하나님의 구원으로 인도하시는 사랑 안에서 성부 하나님과 성령 하나님을 향하여 사랑어린 자기 내어줌의 관계를 형성하신다. 마찬가지로 성령 하나님도 성부와 성자 하나님의 세상을 향한 사역 안에서 성자 하나님과 성부 하나님을 향하여 자기를 내어주시고 상호간 충만함을 이루신다. 흥미로운 것은 성부와 성자 그리고 성령 하나님의 상호간 자기 내어줌이 상호 의존적이며, 타자 중심적이고 하나님을 지향한다는 것이다. 삼위 하나님은 하나님의 공동체됨 속에서 각자 자기의 개별적 특성을 유지하시면서도 하나됨을 추구하시고 그렇게 상호관 관계하시는 가운데 상대방을 향하여 열려있고 상대를 향하여 자기를 내어주며, 상대방과의 사이 경계선을 뚫는 사랑의 행위로 존재하신다.

그렌츠는 바로 이 부분에서 삼위 하나님의 매우 영향력 있는 자기 존재를 드러내심이 가능하게 된다고 보았다. 그는 삼위 하나님의 공동체 내에 일단의 구별된 차이가 존재함을 말한다. 그리고 그 차이에 대한 인정과 더불어 차이를 넘어서는 하나됨을 향한 사랑의 관계 형성 의지는 삼위 하나님의 존재 특성을 가장 잘 설명하는 것이라고 말한다. 하나님은 이렇게 서로를 향한 사랑의 열정과 의지로 하나되어 영원히 존재하시는 분이시다. 그리고 그 존재하시는 방식 그대로의 모습을 통해 이 세상을 하나님의 진리와 구원으로 인도하신다. 그 뿐 아니다. 그렌츠는 다른 관계적 삼위 하나님을 말하는 사람들과 마찬가지로 삼위 하나님께서 모든 피조물과 특히 인간을 그 삼위 하나님의 사랑어린 관계로 초대하신다고 본다. 하나님께서는 이 땅의 모든 인간을 자신의 사랑어린 관계적 존재방식, 그 사랑으로 서로 내어주고 서로를 위해 헌신하며 서로를 향하여 침투하는 공동체됨 가운데로 초대하신다.

한 가지 더, 그렌츠는 이 공동체로 하나 되신 하나님의 모습이 이위일체(binity)가 아닌 삼위일체(trinity)라는 것에 깊은 영적 관심을 가져야 한다고 말한다. 하나님은 성부 하나님과 성자 하나님 사이에서만 사랑의 관계를 가지시거나 성자 하나님과 성령 하나님 사이에서만 자기를 내어주는 관계를 갖지 않으신다. 하나님은 삼위 하나님의 삼자적 상호 관계 안에서 공동체를 이루신다. 결국 이것은 그 공동체 됨으로 우리 인간을 초대하시는 가운데 하나님의 신적 관계를 확장하시는 부분에서 우리 인간들에게 중요한 의미를 갖는다. 삼위적 존재방식에 근거한 하나님의 공동체는 일대일의 대자적 관계를 지향하지 않는다. 하나님의 공동체는 삼자적 관계를 지향하는 가운데 삼자적 관계 형성 방식으로 공동체를 이룬다. 그렇게 해서 대립과 소외 보다는 삼자적 상호관계를 통한 서로의 풍성함을 지향하는 관계적 공동체로의 발전을 지향한다. 이것이 하나님의 공동체가 갖는 중요한 관계적 특징이다.

스텐리 그렌츠의 삼위 하나님의 존재방식에 대한 깊은 이해는 우리로 하여금 역사 속에서 하나님의 백성으로 존재하는 방식의 중요한 기준점을 제공한다. 일단 인간 특히 교회와 신앙 공동체는 하나님께서 본을 보이신 관계적 맥락에서 상호간 차이를 인정하는 가운데 하나됨을 지향하는 방식을 추구해야 한다. 그러기 위해서 무엇보다 중요한 것은 하나님에 대한 진지한 신학적 질문과 탐색 그리고 열정적인 발견이 선행해야 한다. 하나님의 형상(image of God)을 따라 지음 받았다는 것은 비록 타락했을지라도 하나님의 모습을 닮았다는 것이며 더욱 닮아가기를 지향하는 것을 의미한다. 결국 인간 특별히 하나님의 백성 공동체는 우리 존재의 원형(archetype)으로서 하나님의 존재하시는 방식에 대한 진지한 탐구를 통해 그 모습을 개인이 아닌 공동체 가운데 실현하기 위해 노력해야 한다.

그렌츠는 이런 식의 공동체 형성을 위한 노력이 결국 하나님의 삼위 안에서 이루신 창조와 구원의 놀라운 역사처럼 세상을 풍성하게 하리라는 확신을 전한다. 그는 삼위 하나님께서 서로를 향하여 구별되는 동시에 서로를 향하여 자기를 내어 주고 서로를 위해 헌신하며 서로에게 침투하여 공동체의 온전한 사랑을 이루는 관계적 나눔이 결국 세상을 창조하고 세상을 구원하며 세상을 하나님의 나라로 이끌어 들이는 중요한 원동력이라고 말한다. 우리 인간이 특히 하나님의 백성 공동체가 이런 식의 하나님 존재 방식을 추구하게 되면 우리 공동체 나아가 우리가 살아가는 세상이 보다 창조적으로 풍요롭게 되며 구원의 기쁨의 축제적 역사를 드러내게 되며 나아가 미래에 대한 희망의 끈이 더욱 굳건해 진다. 결국 교회는 세상을 더욱 풍요롭게 하는 일과 구원의 놀라운 소식을 전하는 축제 그리고 하나님 나라가 전해주는 미래에 대한 희망을 세상 가운데 드러내고 그것을 구체적으로 실현하는 하나님의 공동체이어야 한다. 교회는 그래서 하나님에 대한 진지한 묵상과 탐색을 시도하는 가운데 이 세상에 하나님의 공동체 되심을 확장하고 심화하는 위대한 사역 공동체가 된다.

신앙하는 삶에 관한 설명 방식으로서 관계

마틴 부버에 의해 재발견된 현대인의 건강한 삶의 조건은 관계이다. 마틴 부버는 자기 이외의 세상 모든 존재들을 도구화해 버리고 오직 홀로 '나'인 자기의 이익을 위해 그 모든 존재들을 정렬시키는 방식의 존재를 비판한다. 그리고 세상의 모든 존중 대상인 '나'의 또 다른 '나'들과의 관계를 중심으로 삶을 새롭게 하는 방식을 제안한다. 이것은 매우 새로운 내용과 방법의 인간 삶을 이끌어냈다. 무엇보다 그 모든 '나'들에 깃든 하나님을 깨닫고 그 모든 관계 상대로서 '나'들 안에 있는 하나님을 발견하는 일은 자기 하나만의 존엄을 외치는 삶을 넘어서 모두의 존엄을 외치는 삶을 제안하게 되었다. 무엇보다. 존엄한 '나'의 또 다른 존엄한 '나'와의 관계를 인간 존재의 중요한 방식으로 설정한 것은 20세기 인간 삶의 조건을 한 단계 더 발전시키는 중요한 지지대가 되었다.

관계라는 개념에 의한 중요한 전환은 신학계에서 일어났다. 20세기 실존철학의 중요한 전제로서 관계라는 개념은 에밀 부르너를 비롯한 신정통신학자들에 의해 보다 정교하게 다듬어져 현대 교회로 유입되었다. '만남(encounter)'이라는 개념이 신학에서 중요하게 다루어지기 시작한 것이다. 하나님은 죄로 소원해진(alienated) 인간과 피조물에게 다가오신다. 그리고 그들을 만나주심으로 피조물과 인간이 더 이상 고립된 존재가 아닌 새로운 존재가 되도록 하셨다. 관계로 새로워진 존재의 길을 여신 것이다. 예수 그리스도를 통해 이루어지는 하나님의 오심 사건의 핵심은 바로 관계의 회복이다. 하나님의 구원의 주로 오심을 통해 단절된 인간의 삶은 관계 복원과 회복된 인간의 삶으로 변화된다. 이렇게 해서 인간의 관계적 삶은 신학적으로 중요한 테마가 되었다. 결국 관계는 인간 삶을 신학적으로 탐구하고 보다 나은 인간 삶의 신학적 설정을 가능하게 했다. 특히 관계에 대한 신학적 생각들을 기존의 구속사 신학과 연계하여 살피게 되면서 교회는 종교적 인간, 특히 기독교적 인간 삶에 대한 이해를 '관계'라는 실존 전제 안에서 보다 적극적으로 이해하고 또 사역할 수 있게 되었다. 다음은 관계적 맥락에서 인간을 신학적으로 바라보는 기본적인 개관이다.

우리가 먼저 살펴볼 것은 관계 단절로 표현되는 인간 죄의 문제이다. 하나님께서 인간을 창조하신 후 인간과 하나님, 인간과 인간 그리고 인간과 피조물 사이 관계는 매우 친밀하고 밀접한 것이었다. 하나님께서는 인간을 창조하시고 보기에 심히 좋았다고 하셨다. 하나님은 또 인간 삶에 내려오셔서 인간이 피조세계를 보다 아름답게 가꿔가는 것을 바라보시고 흡족해 하셨다. 하나님께서는 인간과 관계하는 것을 즐겨하셨으며 늘 인간과 동행하셨다. 하나님과 인간 사이 관계에는 그 어떤 걸림돌도 없었다. 아름다운 관계는 인간과 인간 사이에서도 있었다. 인간 사이 관계를 갖고 관계를 나눔에는 그 어떤 왜곡도 존재하지 않았다. 인간은 서로 벌거벗고 있었으나 부끄러워 하지 않았으며 서로의 있는 그대로의 모습을 존중하고 좋아했다. 인간과 피조물 사이 관계도 마찬가지이다. 인간은 하나님께서 창조하신 피조물에 대하여 청지기로서 사명을 다했다. 인간은 피조물에 대하여 하나님께서 창조 때에 품게 하신 '청지기적 다스림'의 욕구 외에 그 어떤 다른 욕구도 갖지 않았다. 피조물은 인간의 다스림에 대하여 평안과 안정감을 가졌고 인간은 그 모든 피조물과의 관계를 기뻐했다.

문제는 인간이 세상 모든 관계 대상들을 자기중심으로 다시 질서 지우려는 시도에서 나타났다. 사탄은 인간에게 와 인간 스스로의 힘으로 자기중심의 세상을 만들도록 유혹했다. 유혹은 주효했다. 인간은 사탄의 유혹을 상징하는 선악과를 먹고 말았다. 인간이 타락하고 죄 가운데 있게 된 것이다. 타락하여 죄 가운데 서게 된 인간은 스스로 세상 모든 것의 옳고 그름을 판단하기 시작했다. 그리고 세상 모든 존재들을 자신의 판단 아래 자기중심으로 다시 질서 지웠다. 이제 동료 인간들을 포함하는 세상의 모든 피조물들은 인간의 자기를 중심으로 하는 질서지우기에 복종을 강요당했다. 자기중심의 강제적인 관계에 동원된 동료 인간과 피조물들은 결국 자기가 아닌 억압적 '나'의 강요에 의해 새로운 생각의 방식, 삶의 방식을 강요당하게 되었다. 도구로서 존재로 살 것을 강요받게 된 것이다. 그래서 타락하여 죄 가운데 살게 된 인간과 피조물의 삶에는 피곤함과 고통이 나타나게 되었다. 자기 외의 모든 도구화된 피조물들은 존재를 인정받지 못했다. 그들에게는 오직 억압과 착취 가운데 고통 받는 삶뿐이었다.

타락하여 죄로 가득한 인간의 삶, 고통 받는 피조세계의 현실은 곧 관계 단절의 현실이다. 인간의 삶은 자기 외 모든 존재들을 자기 편리를 위해 도구화하는 삶이 되어 버렸다. 하나님도 예외는 아니다. 타락한 인간은 하나님마저도 도구화했다. 인간은 그렇게 자기 외 모든 존재들을 자기중심의 편리를 지향하며 개척하고 질서 지웠다. 인간은 그렇게 자기 이익만을 위하여 개발된 타 존재들을 이용하고 활용한 뒤 불필요하면 버리고 제거하는 식의 존재 방식을 세웠다. 부버가 말하는 것처럼 이런 식의 자기중심 관계는 결국 자기중심일 때와 타인중심일 때 현격하게 갈리는 이중적인 존재방식을 우리에게 강요하게 된다. '나' 중심일 때와 내가 이기적일지언정 존중 받는 인간일 수 있지만 다른 '나' 중심일 때에는 나 역시 영락없이 도구적 '그것'이 되어버리고 착취와 이용의 도구가 되어버리는 것이다. 결국 나는 나 중심을 영위하는 동시에 도구화되어 고통 받는 이중 현실을 살아가게 된다. 결국 이런 관계 단절의 인간 실존은 결국 총체적으로 고통 받는 현실이라고 밖에 말할 수 없다.

둘째로 하나님의 은혜로 임하심과 인간과의 만남은 인간 삶에 새로운 길을 가능하게 한다. 고통일 수밖에 없는 인간 삶의 현실은 오직 하나님의 임재를 통해서만 극복된다. 도구화되어 단절된 관계 속에서 신음하는 인간의 구렁텅이 삶은 외부로부터 임하시는 하나님의 은혜로만 구원이 가능한 것이다. 하나님은 우리에게 빛으로 그리고 말씀으로 오신다. 빛과 말씀으로 오시는 하나님의 모습은 예수 그리스도의 성육신과 십자가 사역으로 세상 가운데 드러났다. 관계 단절의 고립된 삶을 살아가는 인간은 빛과 말씀으로 오시는 하나님, 예수 그리스도를 대면하여 서서 세 가지를 경험하게 된다. 먼저 이 세상의 중심이 자기 자신이 아니라 하나님이라는 지극한 현실이다. 인간은 자기 스스로 빛을 낼 수 없는 존재라는 사실을 깨닫게 된다. 그리고 세상의 중심에 빛으로 서서 세상을 새롭게 하시는 하나님 앞에서 자신의 무능력을 경험하게 된다. 자신이 이제껏 자기중심으로 일구려했던 자기중심의 세상은 세상의 티끌조차도 평안과 구원으로 인도할 수 없었음을 깨닫게 된다. 자기중심으로 구현하려 했던 자기중심의 세상은 결국 세상을 곤혹스럽게 하고 피곤하게 하며 고통스럽게 할 뿐이라는 사실을 깨닫게 된다.

인간을 만나기 위해 오신 하나님 앞에 서서 인간은 이어서 말씀이신 하나님 즉, 하나님의 사랑어린 관계적 존재방식을 보게 된다. 하나님은 홀로 존재하시지만 더불어 존재하신다. 하나님은 특히 사랑으로 서로를 존중하시는 가운데 서로에게 사랑으로 침투하며 존재하시는 분이시다. 인간은 관계적으로 서로 축복하시며 존재하시는 하나님, 당신의 존재방식으로 세상을 축복 가운데 다시 질서 지우시는 하나님을 대면하게 되고 자신의 존재방식이 하나님의 관계로 존재하시는 방식으로 새롭게 갱신되어야 할 필요를 절감하게 된다. 자신의 존재방식으로는 세상은커녕 자신마저도 평안한 삶의 가능성을 열 수 없음을 알게 되었을 때 하나님 편에서 여신 하나님의 존재방식에의 참여 권유는 인간에게는 희망의 초청장이나 다름없는 것이다.

그런데 관계적 하나님의 존재방식으로의 초대장은 십자가로의 초대이다. 이제 인간은 관계적 삶으로의 회복을 위해 중요한 고비 하나를 넘어야 한다. 즉, 하나님 편에서 십자가상에서 펼치신 능력을 믿는 믿음 안에서 관계적 삶의 회복이 가능하다는 것을 깨닫는 것이다. 예수님의 십자가 사역은 인간을 포함한 세상 모든 피조물들의 존재방식의 갱신을 가능하게 하는 힘이다. 예수님의 십자가 사역은 하나님의 관계 안으로의 참여 인도가 그저 그런 초청이 아니라 당신의 희생과 헌신을 전제로 한 초청임을 알게 된다. 하나님에 의해 이루어지는 인간과 피조물의 관계의 회복은 희생과 사랑으로만 가능한 것이다. 그렇게 하나님에 의해 열린 존재의 새로운 방식 즉, 관계적 삶은 그 희생과 사랑을 알고 인정하고 받아들이는 가운데 가능하게 되는 것이다. 이것은 이후 하나님의 관계를 확장하는 사역에 동참하는 관계적 인간 삶의 주요한 방법적 모범이 된다.

세 번째로 중요한 것은 예수 그리스도를 통해 이루어지는 관계의 회복으로서 회심이다. 하나님께서 빛으로 말씀으로 그리고 무엇보다 십자가 사역으로 다가오시는 것은 인간 편의 회심(conversion)을 일으킨다. 여기서 회심은 성서적 언어 특히 구약 성서의 언어로 '돌이키는 것(shub)'를 말한다. 예수 그리스도의 십자가 사역은 그것을 대면하여 선 인간으로 하여금 일생일대의 돌이킴을 시도하게 한다. 회심에 대한 전통 신학의 설명에 의하면 예수 그리스도의 십자가 앞에 선 인간은 그 십자가의 능력이 갱신된 삶을 가능하게 하리라는 믿음을 고백하게 된다. 그 믿음은 결국 그 인간 존재의 근본적인 변화를 일으키게 되며 이제부터 죄(sin)가 아닌 의(righteousness)로 새로운 삶을 살아갈 가능성을 얻게 한다. 무엇보다 그 새로운 삶은 하나님의 자녀된 삶으로의 신분 변화를 가져온다.

이런 식의 구원신학적 전개는 관계에 대한 신학적 전개에서도 유사한 맥락의 전개를 가능하게 한다. 인간은 하나님의 아들 예수 그리스도의 십자가 앞에 서서 십자가를 통하여 갱신된 삶 즉, 고립된 삶이 아닌 관계적 삶으로 나아갈 가능성을 얻게 된다. 십자가 앞에 선 인간은 자기를 내어주기까지 인간을 사랑하시고 인간으로 하여금 당신과의 관계 안에서 온전한 삶을 살도록 하시는 은혜를 바라보며 예수 그리스도의 십자가 능력 가운데 자기 자신 역시 고립된 삶에서 관계적 삶으로 돌이킬 수 있음을 확신하게 되는 것이다. 예수 그리스도 안에서 일어나는 관계적 회심은 또한 건강한 관계적 삶을 실제적으로 구현하도록 돕는 능력이기도 하다. 하나님의 관계 회복의 힘으로서 십자가는 고립된 삶으로부터 돌이켜 관계적 삶을 살아가는데 있어서 중요하고 실제적인 지지기반이 된다. 고립된 채 세상과 타인을 도구화하는 삶을 벗어나 관계적 삶으로 나아오는 일의 정당성과 능력 그리고 실질적인 방법을 제공하는 것이다. 결국 그리스도의 십자가는 관계적 삶을 향한 회심자들로 하여금 관계 안으로 들어와 관계하는 삶을 꾸려 나가고 그렇게 세상 가운데 강력하게 뿌리 내린 관계 나눔의 삶을 확장하도록 하는 출발지요 근거가 된다.

마지막으로 고려할 것은 성령의 능력으로 이루는 관계의 공동체적 확장이다. 예수 그리스도의 십자가 능력을 통하여 관계적 삶으로 돌이킨 인간은 이제 하나님의 관계를 확장하는 공동체를 형성하고 공동체를 확장하는 삶을 시작한다. 교회는 예수 그리스도의 십자가를 기반으로 하는 하나님 신앙 중심의 삶이 확장되는 모판과 같은 곳이다. 전통적으로 교회는 세상 사람들을 교회로 불러 모으고 십자가 말씀 가운데 그들을 회복시키고 부흥시킨 후 다시 세상으로 보내 더 많은 사람들을 교회로 불러들이도록 하는 사역 패턴을 유지해왔다. 교회의 이런 사역은 결국 창세기 1장 28절과 마태복음 28장 18~20절의 말씀과 같이 하나님의 도를 아는 이들을 부르고 세워 땅 끝으로 보내는 가운데 십자가 공동체의 구성원 수와 그 영역을 확장하는 사역을 위해 이 세상 가운데 존재한다. 하나님을 믿는 사람들이 이 땅 가운데 생육하고 번성하여 땅에 충만하게 되는 때까지 교회는 세상 가운데 사명으로 존재하게 되는 것이다.

관계적 측면에서 교회는 하나님과의 온전한 관계를 회복한 사람들의 공동체이다. 교회는 고립된 채 자기중심의 삶을 살다가 예수 그리스도의 십자가 아래서 돌이켜 하나님의 관계적 삶으로 나아온 이들의 공동체이다. 교회는 그래서 하나님의 관계적 나눔을 확장하고 심화하는 일을 중요한 선교적 과제로 삼는다. 교회는 세상 모든 사람들이 그들과 동일하게 예수 그리스도의 십자가 사랑을 알고 그 사랑 아래서 고립된 삶의 고통을 끊어내고 삼위 하나님과 더불어 나누는 관계적 삶으로 나아도록 안내하고 격려해야 한다. 그렇게 해서 교회는 하나님께서 이 땅 가운데 당신의 온전한 관계가 드러나는 하나님 나라를 세우시기까지 삼위 하나님의 관계를 꾸준히 확장해 나아가야 한다. 그래서 세상 모든 사람들과 피조물들이 창조 때 가졌던 관계의 아름다움과 관계의 평안을 알고 회복하여 누리도록 이끌어야 한다. 결국 관계적 맥락에서 교회의 부흥은 관계적 삶으로 나아오는 이들이 허다해 지는 것이며, 그들이 관계적 삶의 실제적인 모습을 교회를 중심으로 하여 형성하게 되는 것을 의미한다.

2장
성서의 관계적 목회사역

하나님의 관계적 창조

하나님의 창조는 시간과 공간을 포함하여 세상 모든 만물이 존재하게 된 시발점이다. 하나님의 창조 행위는 인간과 세상 모든 피조물이 하나님을 알게 되고 하나님을 대면하게 되는 첫 사건이며 장면이 된다. 인간은 창조이전 하나님에 대해 알 수 없다. 그것은 인간의 인식을 넘어서는 것이다. 인간은 오직 첫 창조로부터 시작된 하나님의 인간과의 관계에서만 오직 하나님을 인식할 수 있다.

하나님께서는 창조 가운데 당신의 삼위일체 되심을 피조물들에게 드러내셨다. 앞서 언급한대로 하나님은 한 분이시지만 셋이시고 그 세분 하나님은 본질적으로 서로 동일하시기 때문에 다시 한 분이시다. 그런데 이 하나요 셋이신 존재 방식은 각별하다. 하나님은 당신을 드러내는 모습 즉, 세상을 향하여 당신의 뜻을 전하는 계시에서 관계적인 다양성을 드러내신다. 이 계시적 다양성 속에서 하나님은 성부와 성자 그리고 성령으로 구별된다. 그러나 이 계시적 다양성은 본질적으로 분화하여 완전히 다른 모양의 존재가 되는 것이 아니다. 이 계시적 다양성은 한 분 하나님의 뜻하시는 바의 통일성으로부터 출발하여 다시 한 분 하나님의 뜻하신 바대로 성취되는 하나됨 안으로 귀속된다. 하나님이 세 위격이시자 한 분이시라는 생각은 존재론적(存在論的) 발상이다. 결국 세상은 그 한 분이시자 삼위격으로 존재하시는 방식에 의해 만들어졌다.

이쯤에서 계시를 위한 다양성으로서 삼위 하나님은 조금 더 설명이 필요하다. 삼위 하나님은 각자 한 분 하나님의 통일된 계획에 근거하여 그 최종적인 성취를 위하여 활동하시는 가운데 서로에게 의존하여 계신다. 신학자들은 삼위 하나님이 이렇게 서로 의존하고 있는 모습을 '상호침투(perichoresis, 페리코레시스)'라고 말한다. 이 상호침투의 맥락에서 아버지 하나님은 아들 하나님을 낳으시고(begets) 아들에게 당신의 모든 것을 위임하셨다. 동시에 아버지 하나님과 아들 하나님은 영이신 하나님을 발출하시고(proceeds) 하나님의 신적인 뜻을 완성하는 일을 위임하셨다. 은혜로운 것은 하나님의 상호침투적 존재방식이 이 세계를 창조하는 중요한 원리가 되었다는 것이다. 하나님은 삼위로 존재하시면서 그 상호적 침투를 관계의 내적 공고함으로만 활용하시는 것이 아니라 세상 창조와 같은 외연의 확장에서 활용하셨다. 하나님은 계몽주의 철학의 이신론(theism)이 말하는 것과 같은 자기합리를 위한 방식으로 존재하지 않으신다. 하나님은 상호침투와 같은 자기의 존재방식을 통하여 스스로 존재를 확장하시는 가운데 세상을 창조하시고 세상과 피조물이 당신의 존재하심 가운데 살아가도록 하신다. 우리는 이러한 안목으로 성경을 바라보는 가운데 서로 관계하는 하나님의 모습을 찾을 수 있다.

여기서 한 가지 더, 삼위 하나님의 상호침투적 창조는 하나님의 성품 가운데 하나인 사랑(agape)을 기반으로 한다. 세상 창조는 하나님의 사랑에서부터 흘러나와 완성된 하나님의 멋진 작품이다. 무엇보다 그 사랑은 삼위 하나님 사이 서로 기대시며 위임하시는 상호 관계에서 흘러넘치는 것이다. 하나님은 사랑을 어느 한 위격에 감추어 두지 않으셨다, 하나님은 그 사랑을 각 위격들이 서로 나누시는 가운데 그것이 차고 넘쳐 하나님 외 모든 존재에게 충만하도록 하셨다. 그것이 바로 하나님께서 세상을 창조하시며 세우신 질서(cosmos)의 온전한 모습이다. 그러니 아버지 하나님이 아들 하나님을 사랑하시는 가운데 당신의 창조물 가운데 그 뜻을 위임하신 것과 아버지와 아들 하나님이 영이신 하나님과 사랑 나눔을 통해 온전히 이루신 창조물들은 그 사랑이 충만하여 풍성하게 드러나는 것이 당연한 것이다.

우선, 아버지 하나님은 창조하신 모든 것의 근거가 되신다. 성경은 아버지 하나님의 창조에 대해 중요한 논거를 제공한다. 바울은 고린도서에서 "그러나 우리에게는 한 분 하나님 곧 아버지가 계시니 만물이 그에게서 났고 우리도 그를 위하여 또한 한 주 예수 그리스도께서 계시니 만물이 그로 말미암고 우리도 그로 말미암았느니라"고 말하고 있다(고전 8:6). 성경이 말하고자 하는 것은 이 세상이 하나님의 창조하시고자 하는 의지에 근거하고 출발하고 있다는 것이다. 하나님께서는 이 세상 만물이 존재하도록 하시되 당신의 사랑에 따른 선한 뜻에 근거하도록 하셨다(창 2:1). 하나님의 사랑과 선한 뜻이야말로 하나님 창조의 중요한 출발점이자 목적이고 최종적인 도착지인 것이다. 그래서 창세기는 하나님의 매일 매일 창조에 대해 이렇게 기록하고 있다. "보시기에 좋았더라"(창 1:4, 10, 12, 18, 21, 25, 31). 그런데 하나님의 창조는 아버지 하나님의 창조 근거와 목적되심에 그치지 않고 있다. 아버지 하나님은 당신의 창조를 아들 하나님과 그리고 성령 하나님과 더불어 나누고 있다. 하나님의 창조는 하나님의 사랑에 근거하여 발생하는(generate) 아들 하나님의 사역으로 이어진다.

아들 하나님은 하나님과의 사랑 관계 속에서 영원 가운데 영원히 발생하여 아버지 하나님의 뜻이 당신의 순종하는 사랑으로 실현되는 중요한 원리로 존재하신다. 구약성서 특히 잠언 8장에 이런 부분이 암시적으로 잘 드러나 있다. 잠언서는 이렇게 말한다. "내게는 계략과 참 지식이 있으며 나는 명철이라 내게 능력이 있으므로 나로 말미암아 왕들이 치리하며 방백들이 공의를 세우며 나로 말미암아 재상과 존귀한 자 곧 모든 의로운 재판관들이 다스리느니라"(잠 8:14~16). 아버지 하나님의 세상 창조에 관한 의지와 뜻은 곧 아들 하나님의 지혜와 능력으로 나타나 세상 모든 만물들이 세워지는 가운데 중요한 지지대 역할을 하게 된다. 이런 생각이 가장 잘 반영된 부분은 아무래도 요한복음 1장일 것이다. 요한은 예수님의 기원을 이렇게 밝히고 있다. "태초에 말씀이 계시니라 이 말씀이 하나님과 함께 계셨으니 말씀은 곧 하나님이시니라"(요 1:1). 우리는 여기서 등장하는 "말씀"이라는 것이 하나님의 창조 원리, 아버지 하나님의 뜻이 그대로 창조 세계 가운데 반영되게 된 중요한 작동 원리라는 것을 이해할 수 있다. 그렇게 해서 만들어진 세상이 바로 우리가 살아가는 하나님의 뜻에 의해 질서(cosmos) 지워진 세상인 것이다. 그래서 바울은 이 부분에 대해 "만물이 그에게서 창조되되"(골 1:16), "만물이 그 안에서 함께 섰느니라"(골 1:17)고 고백하고 있다. 물론 아버지 하나님의 뜻이 아들 하나님의 지혜와 능력으로 창조의 때에 세상 곳곳에 영향을 끼쳤음은 창세기 기록을 통해서도 쉽게 확인해 볼 수 있다. 하나님의 창조는 대게 이런 식이었다. "이르시되...있으라." 아버지 하나님의 세상을 당신의 뜻대로 창조하시고자 하는 의지는 곧 아들 하나님의 지혜와 능력의 말씀으로 세상 가운데 드러나게 되었다.

아버지 하나님이 창조의 근거이고 아들 하나님이 창조의 원리라면 마지막으로 영이신 하나님은 발출되신 분으로서 이 세상 창조의 실질적인 힘(real power)이 되신다. 하나님의 사랑과 선하신 뜻에 근거하여 세상에 대하여 드러나는 그 뜻과 원리는 거룩하신 영이신 하나님의 능력으로 구체화되고 실현된다. 구약은 특히 하나님의 영을 '숨(ruach)'로 표현하는데(창 6:17, 7:22, 시 104:30), 불어 넣어져 힘을 주는 것으로서 '숨'은 이 세상 모든 피조물들 특히 하나님의 형상으로 지음 받아 세상에 서게 된 인간이 실제로 세상 가운데 실존하도록 하는 힘이 된다. 아버지 하나님과 아들 하나님의 세상을 향하여 드러내시는 모든 선하시고 사랑이 충만한 뜻과 원리는 영이신 하나님에 의해 실현되었으며, 그렇게 되고 있고 앞으로도 그렇게 될 것이다. 일단, 영이신 하나님은 하나님께서 세상을 창조하실 때 혼란스럽고 어두운 창조 이전 세계 위를 지나다니셨다(1:2). 그리고 아버지 하나님의 뜻에 의하여 아들 하나님의 창조 세상 원리가 이 땅 가운데 실제로 세워지도록 능력을 발휘하셨다. 성경은 삼위 하나님에 의한 창조 사건이 실현되는, 특히 영이신 하나님에 의해 세상 창조가 실현되는 모습을 "그대로 되니라"고 묘사하고 있다(창 1:7, 9, 11, 15, 24, 30).

하나님의 관계 공동체

　삼위 하나님이 관계적이라는 것은 중요하다. 관계적으로 존재하시는 하나님 개념은 우리 마음 가운데 불타는 떨기나무처럼 사그라지지 않고 살아있어야 한다. 한 분 하나님은 삼위가 관계하시는 가운데 존재하면서 그 사랑어린 관계로부터 쏟아져 나오는 은혜를 통해 세상 모든 피조물들을 당신의 은혜로운 관계적 존재 영역 안에 포함시키신다. 삼위 하나님은 그렇게 해서 당신이 창조하신 세계, 그 세계 속 모든 인간들과 더불어 깊은 의미의 관계로 들어가신다.

　상호 침투하는 관계로 존재하시는 하나님은 당신의 사랑어린 관계를 세상 모든 피조물을 향하여 확장하신다. 창조 세계는 하나님의 사랑 가운데 상호 관계하시는 방식에 의해 창조되었으며, 하나님의 사랑어린 창조 질서 가운데서 존재하게 된 세상은 그 존재 방식에서 역시 하나님의 사랑을 위하여 상호 침투하시는 관계적 의미가 고스란히 배어 있게 된다. 결국 삼위 하나님은 결국 사랑 가운데 피조물들을 창조하시고 그 지으신 세상 모든 피조물들을 당신의 삼위의 관계 안으로 이끌어 들이신다. 하나님의 관계적 공동체의 교제 가운데로 초대하여 서게 되는 것이다.

　삼위 하나님의 관계적 공동체 교제에 초대된 최초의 사람은 아무래도 아담과 하와일 것이다. 하나님께서는 창조의 때에 에덴동산 청지기 아담을 창조하시고 그로 하여금 당신의 거룩한 동산을 지키고 관리하며 다스리게 하셨다. 하나님께서는 당신의 청지기 아담과 더불어 시시때때로 동산을 거니시며 교제하셨다(창 2:15,19). 하나님께서는 당신의 관계적 공동체 안에 있는 존재로서 아담으로 하여금 관계적 삼위 하나님 공동체의 확장적 연장선상에서 그를 에덴동산에 서게 하셨다. 그 뿐 아니었다. 하나님께서는 아담을 매개로 하여 하나님의 관계적 공동체를 확장하셨다. 아담의 배필 하와를 창조하신 것이다(창 2:18). 아담은 자신의 가장 중요한 부위를 내어주어 하와의 창조를 이루게 되고, 인간은 이렇게 해서 하나님의 은혜 아래 최초의 확장적 관계를 형성하게 된다.

하나님은 당신의 사랑으로 충만한 상호 관계를 피조세계에 확장하셨다. 하나님의 관계 확장은 피조물들 사이 특히 생육하고 번성하고 땅에 충만하여 피조세계를 다스리는 책임을 받은 인간을 통해 이루어진다. 무엇보다 하나님은 당신의 관계적 존재성을 확장하시는 일에 대하여 진중하셨고 신실하셨다. 그래서 인간의 불순종과 타락 그리고 만연하게 된 죄성에도 불구하고 당신의 관계적 공동체로의 초대와 확장을 멈추지 않으셨다. 하나님의 신실하심 덕분에 하나님 공동체의 관계적 확장은 이후 성경의 파노라마에서 쉼 없는 중요한 맥락을 형성한다.

하나님의 관계 공동체는 사실 가인이 아벨을 죽이는 사건으로 자칫 사라질 듯 위기에 직면했다. 그러나 하나님께서는 잃어버린 두 아들 가인과 아벨을 이어 셋을 주심으로 하나님의 관계 공동체 확장을 위한 청지기 집안으로서 아담의 계보를 이어가셨다. 그리고 하나님께서는 셋으로부터 다시 이어진 아담의 후손들과 다시 관계 공동체를 형성하셨다. 그 뿐이 아니었다. 하나님께서는 아담의 후손들로 하여금 세상 가운데 서서 하나님의 공동체 확장을 위한 사역자로 살아가게 하셨다. 성경의 이야기는 이렇게 흘러간다. 셋의 후손 가운데 에노스는 하나님을 예배하기 시작했다(창 4:26). 에노스는 타락한 세상에서 하나님과 사람들 그리고 피조물 사이 중재자로서 세상을 하나님의 관계 공동체 가운데로 이끄는 일을 시작했다. 하나님의 관계 공동체 가운데 머물며 하나님과 늘 교제하며 살았던 최고의 모습은 에녹에서 찾을 수 있다. 성경은 에녹이 65세에 무두셀라를 낳고 그리고 하나님께서 에녹을 데려가실 때까지 하나님과 동행하고 교제하며 살았다(창 5:19~23).

하나님의 관계적 공동체 확장 사명은 노아와 아브라함 시절에 본격적으로 극대화되었다. 사실 하나님의 관계 공동체는 노아 시절에 그리고 아브라함 시절에 각각 위기에 봉착했다. 셋의 자손들이 하나님과 관계 안에서 안정적이게 번성하던 시절, 가인의 자손들의 악행 문제는 묵과할 수 없을 만큼 크게 번져갔다. 문제는 그뿐이 아니었다. 셋의 계보 가운데 있던 하나님의 신실한 백성들 역시 하나님의 관계 공동체로부터 벗어나 가인의 자손이 벌이는 죄악의 세상으로 빠져가는 경향이 발생하기 시작했다. 성경은 이 상황을 이렇게 기록한다. "사람이 땅 위에 번성하기 시작할 때에 그들에게서 딸들이 나니 하나님의 아들들이 사람의 딸들의 아름다움을 보고 자기들이 좋아하는 모든 여자를 아내로 삼는지라 여호와께서 이르시되 나의 영이 영원히 사람과 함께 하지 아니하리니 이는 그들이 육신이 됨이라 그러나 그들의 날은 백이십 년이 되리라 하시니라"(창 6:1~3). 관계적 목회의 관점에서 창세기 6장 초반부의 이야기는 하나님의 관계 공동체로부터 떠난 하나님의 사람들에 관한 것이다. 결국 하나님께서는 무두셀라처럼 번영하던 하나님 관계 공동체 내 사람들의 인생 시간마저 줄여버리셨다.

하나님 관계 공동체의 위기는 홍수 이후 노아의 자손들에게서도 나타났다. 하나님께서 노아를 통해 세상을 정화하셨다. 하나님의 세상 정화는 단순히 가인의 자손들에게만 국한된 것이 아니었다. 그것은 하나님의 관계 공동체 안에서 중요한 사명을 가진 모든 셋의 자손들에게도 해당되는 것이었다. 이제 정화된 세상에는 오직 노아와 그 자손들만 있었다. 그런데, 노아의 자손들에게서 또 문제가 발생했다. 그들은 세상을 하나님과의 관계 안에서 그 관계를 확장하는 사명으로 살지 않았다. 그들은 오히려 그들 자신을 위한 세속적 권력의 관계로 세상을 만들고 세상을 형성했다. 그 상징이 바로 바벨탑 사건이다. 노아의 자손들 가운데 하나님의 관계 공동체로부터 벗어나 세상의 권세를 잡은 이들은 이렇게 말했다. "자, 성읍과 탑을 건설하여 그 탑 꼭대기를 하늘에 닿게 하여 우리 이름을 내고 온 지면에 흩어짐을 면하자"(창 11:4). 이것은 전형적인 하나님의 관계 공동체로부터의 이탈을 의미한다. 하나님께서는 당신의 형상 즉, 그 내면의 뜻과 의지를 본받아 세상 모든 인간과 피조물들을 하나님의 창조질서 아래 평안으로 인도하는 사명을 위해 하나님의 관계 공동체를 형성하셨다. 그런데 지금 노아의 자손들 가운데 일단이 시날 평야에 자신들만의 공동체를 만들고 오히려 하나님의 관계 공동체 의지를 배제하고 있는 것이다. 이런 상황은 하나님의 편에서 그리고 하나님의 관계 공동체 가운데 있는 하나님의 백성들에게 위기임이 틀림 없었다.

하나님께서는 그러나 아담 이래, 그리고 가인 이래 주어진 모든 위기의 상황에서도 관계 공동체를 지키시고 확장하시고자 했던 신실하신 뜻을 거두지 않으셨다. 하나님께서는 방주 사건 이후 노아에게 옛날 아담과 나누셨던 사명을 다시 새기셨다. "생육하고 번성하여 땅에 충만하라"(창 9:1). 하나님은 아브라함에게도 역시 동일한 말씀을 하셨다. "너는 너의 고향과 친척과 아버지의 집을 떠나 내가 네게 보여 줄 땅으로 가라 내가 너로 큰 민족을 이루고 네게 복을 주어 네 이름을 창대하게 하리니 너는 복이 될지라"(창 12:1~2). 하나님께서는 당신의 아름다운 삼위 공동체의 인간을 향한 확산 의지를 거두지 않으셨다. 하나님께서는 당신에게 순종하고 당신의 뜻을 실현하는 일에 동참하려는 사람들을 거듭 세우시고 그들로 하여금 당대 세상을 향하여, 하나님의 관계 공동체 확장을 위하여 사역하게 하신다.

이런 측면에서 노아와 아브라함은 하나님의 사랑을 나누는 관계 공동체의 가치를 알고, 그 존재 방식에 근거하여 자신의 삶과 세상 피조물들의 삶을 바르게 세워가려는 하나님 백성들의 전형이 된다. 하나님께서는 노아와 아브라함 모두에게 하나님의 관계 공동체 확장의 사명을 주셨다. 그들은 하나님의 관계 공동체 구성원들을 확장하는 사명 즉, 생육하고 번성하여 땅에 충만해야 하는 창세 이래 아담을 비롯한 하나님의 부르심을 받은 이들의 사명을 충실하게 이어가야 한다. 결국 아담에게 주어진 창조 사명이나, 노아나 아브라함에게 주어진 창조사명은 모두 하나님의 관계 안에서 하나님의 뜻을 알고 하나님께로부터 받은 창조와 구원의 사명을 충실하게 수행하는 이들의 공동체를 이 땅 가운데 구현하는 일의 사명이다. 노아나 아브라함이나 이 일에 매우 신실한 사람들이었다. 창세기는 노아의 계보가 어떻게 이 땅 가운데 충실하게 확장하는 가운데 이루어졌는지를 기록하고 있다(창 10장).

노아와 아브라함으로 대표되는 창조와 구원을 통한 하나님 관계 공동체 확장 사명은 이후 야곱과 요셉을 통하여 그리고 모세를 통하여 확장적으로 그리고 든든하게 성취되었다. 야곱은 그의 인간적인 부족함과 연약함에도 불구하고 하나님의 신실하신 인도 가운데 큰 가족을 이루었다. 놀랍게도 그의 아들 가운데 요셉은 하나님으로부터 받은 탁월한 능력과 신실한 삶의 자세를 통하여 애굽 땅의 총리가 되면서 하나님의 관계 공동체가 세상 가운데 안정적으로 확장할 실질적 교두보를 만들게 된다. 요셉의 경우 그의 탁월한 기술적인 노력을 통하여 한 나라와 당대 세상을 안정시킨 대단히 중요한 인물이다. 그는 하나님의 관계 공동체의 중요한 일원으로서 하나님의 뜻이 이 세상 가운데 어떻게 실현되어야 하는지를 잘 아는 사람이었다. 그는 피조 세상의 평안을 위하여 그리고 하나님의 창조 질서 가운데 안정을 위하여 하나님으로부터 받은 지혜로운 계시를 기반으로 큰 나라 애굽에서 헌신하고 수고했다. 그의 수고는 매우 주효했다. 큰 나라 애굽이 요셉을 통하여 선한 영향력을 끼치자 당대의 큰 기근으로 허덕이던 세상 많은 사람들은 애굽의 긍휼로 구원을 얻게 된다(창

41:54~57). 그리고 그 긍휼의 은혜는 가나안의 야곱의 가족들에게도 미쳤다(창 42:1~7).

모세의 경우는 요셉의 사역과는 사뭇 다른 차원에서 하나님의 관계 공동체를 보호하는 사역을 했다. 이스라엘 백성들이 애굽 땅에서 번창하자(출 1:7), 그 땅의 왕 바로는 그들의 번성을 시기하고 두려워했다(8~9). 특히 요셉을 알지 못하는 새로운 왕조와 세대가 등장하자 당장 하나님의 관계 공동체는 위협받기 시작했다(출 1:11~22). 이제 하나님의 관계 공동체는 더 이상 그 애굽 땅을 통해 세상의 평안과 피조물의 안녕을 기획하고 도모할 수 없게 되었다. 그들은 오히려 생존을 위협받았고 하나님의 관계 공동체는 큰 위기에 직면하게 되었다. 하나님께서는 언제나처럼 대안을 모색하셨다. 모세였다. 모세는 하나님의 관계 공동체가 직면한 위기를 극복하고 원래의 사명의 자리로 복귀하도록 하는 일의 사명을 받았다. 모세는 자기 민족에게 주어진 상황과 하나님의 관계 공동체가 직면한 문제를 충분히 알았다. 그는 시내산에서 처음 부름 받을 때부터 그가 해야 할 일의 핵심이 무엇인지 알았다. 그는 야곱의 자손들, 하나님의 관계 공동체를 애굽으로부터 이끌어 내어 위기로부터 구원했다. 그리고 그들을 시내산으로 데려가 그곳에서 하나님 앞에 서게 했다. 그는 야곱의 자손, 이스라엘이 그곳 하나님 앞에서 하나님의 관계 공동체로서 원래의 사명을 회복하기를 바랐다. 하나님께서는 모세를 인도를 받은 이스라엘을 향하여 이렇게 말씀하셨다. "너희가 내게 대하여 제사장 나라가 되며 거룩한 백성이 되리라"(출 19:6).

이스라엘은 이제 하나님의 사랑으로 서로 침투하는 관계 공동체 확장 사역을 위해 부름받은 일원으로 다시 회복했다. 이제 이스라엘이 회복해야 할 사명은 확실했다. 중보자(intercessor)로서 세상을 하나님께로 하나님을 세상으로 안내하는 역할이 주어진 것이다. 세상과 하나님 사이 중보자가 되기 위해 이스라엘은 마땅히 할 일이 있었다. 그것은 바로 생육하고 번성하여 하나님의 관계 공동체를 세상 가운데 굳건하게 세우고 이 땅에 충만하게 되는 일이었다.

하나님 관계 공동체의 위기

하나님께서는 신실함으로 삼위일체 관계 공동체를 당신의 피조물, 특히 부르심 받은 하나님의 사람들에게 확장하셨다. 여기서 창조와 타락의 구속사적 흐름에 대해 자세하게 설명할 이유는 없다. 중요한 것은 아담과 가인, 바벨탑의 혼란, 애굽 왕 바로 등이 만들어 내는 그 모든 위기 상황에도 불구하고 하나님께서는 당신의 신실한 창조

정신을 내려놓지 않으신다는 것이다. 하나님께서는 당신의 관계적 삼위일체 공동체를 스스로의 변개치 않는 의지로 신실하게 확장하신다. 이런 의미에서 창세기의 원 역사와 역사 시대 사이 이야기들은 하나님의 관계 공동체가 이 세상 가운데 어떻게 존재해왔는지를 설명하는 원형이 된다.

우리가 출애굽기를 비롯한 모세오경을 넘어서 성경을 읽어 내려갈 때, 특히 하나님의 관계 공동체라는 관점에서 성경을 읽어 내려갈 때 어려운 문제는 여호수아 이후 소위 인간 역사의 실제 시간 흐름 가운데서 발생한 지속적인 위기들이다. 역사 시대 이후 하나님의 관계 공동체는 그 내부와 외부로부터 꾸준히 위협 당했다. 성경의 역사서들은 그 이야기들을 우리에게 들려주고 있다.

가나안에 정착하여 하나님의 창조와 구원 사명을 이루기 위하여 하나님의 관계 공동체를 시작한 이스라엘은 그 땅에 정착지 얼마 지나지 않아 또 다른 위기에 직면하게 된다. 위기의 씨앗은 이스라엘 스스로 뿌려 놓은 것이다. 하나님께서는 이스라엘에게 가나안에 정착했을 때 하나님의 공동체로서 구별된 거룩함을 지키라고 하셨다. 특별히 가나안 족속들에 대한 헤렘(herem, 진멸)은 하나님께서 가나안 정복전쟁을 시작한 이스라엘에게 각별하게 부탁하신 것이었다. 그러나 이스라엘은 이 일에 성공적이지 못했다. 이스라엘은 그들의 가나안 정착치 곳곳에 이방인들을 남겨두었으며, 곧 그들과 더불어 하나님 앞에서 거룩하지 못한 온갖 행위들을 벌였다. 그들은 하나님만을 예배하는 가운데 하나님의 뜻에 따라 세상 모든 피조물들을 온전하게 하는 사명을 이방의 우상을 숭배하고 그들의 뜻에 따라 세상 모든 피조물들을 피곤하게 하는 일로 바꾸어 버렸다. 소위 우상숭배와 우상숭배에 따른 배교 그리고 배교에 이은 삶과 사역의 일탈은 이후 이스라엘 역사 내내 반복되는 상황이었다.

하나님의 관계 공동체로서 이스라엘은 창세기 원역사가 가르치는 가인 계보의 관계 공동체 파괴 방식을 치밀하게 답습했다. 이스라엘은 가인이 그랬던 것처럼 하나님을 배제한 자신들만의 관계의 성을 구축했다. 이스라엘의 사사들과 지도자들은 쉽게 자신을 중심으로 하는 정치, 경제, 종교적 관계를 구축하려 했다. 기드온의 아들 아비멜렉은 아버지 기드온이 경계했음에도 불구하고 스스로 이스라엘의 왕이 되려 했다(삿 9:6~7). 그는 세겜에서 그의 형제들을 모두 죽이고 주변 사람들을 끌어 모아 왕이 되는 의식을 치렀다. 그는 이스라엘이 자신을 중심으로 하는 관계, 자신을 위하여 움직이는 공동체이길 바랐던 것이다. 하나님의 관계 공동체를 파괴하려는 내부의 움직임은 성경의 역사서 곳곳에서 발견할 수 있다. 엘리의 아들들은 실로 하나님의 성막을 관리하는 제사장의 직무를 수행하면서 그 직위를 통해 스스로 이스라엘의 중심이 되려 했다. 아무래도 이들의 문제는 그 아버지 엘리에게 있었던 것 같다. 엘리는 이스라엘의 형제와 이웃, 세상을 향한 영적 관계 사명보다 자신의 아들들을 더 중요하게 여겼다(삼상 2:27). 이런 일들은 사무엘의 집에서 조차 일어났다. 사무엘은 법궤와 영적 중심을 잃고 방황하는 이스라엘에게 중심 역할을 했던 사람이었다. 적어도 사무엘은 자신이 중심이 아니라 하나님과 하나님의 뜻, 하나님께서 모세를 통해 시내산에서 주신 계명이 이스라엘의 중심이어야 한다는 것을 잘 아는 사람이었다. 그런데 안타깝게도 사무엘의 생각은 그 아들들에게 이어지지 못했다. 기드온이나 엘리의 집안에서 일어난 일처럼 사무엘의 집안에서도 비슷한 일들이 있었다. 그들은 하나님의 관계 공동체에서 조차 자식 이기는 부모 없다는 현실적 문제를 여실히 보여주었다. 자신은 신실했음에도 불구하고 말년에 자신의 자식들에게 자신의 신실함을 물려주는 일에는 실패한 것이다. 이후에도 이스라엘이라는 하나님의 관계 공동체는 하나님 중심이 아니라 인간 중심이라는 심각한 문제를 겪게 되었다.

  이런 식의 교훈들은 이후 하나님의 관계 공동체로서 이스라엘 역사 곳곳에서 나타났다. 아마도 하나님의 관계 공동체 훼손 위기는 시간이 지날수록 더욱 심각해졌다고 보는 것이 맞을 것이다. 사무엘 후 이스라엘은 왕을 원했다. 사무엘은 말하기를 하나님 외에 인간의 왕을 세우는 일은 하나님을 버리는 일이라고 했다(삼상 8:7). 이뿐이 아니었다. 사무엘은 이스라엘에 왕이 세워지게 되면, 그가 이스라엘 온 백성들을 자기중심으로 엮을 것이라고 말하기도 했다. 그러나 이스라엘은 왕을 원했다. 그 왕이 자기들을 하나님으로부터 멀어지게 해도, 자기들을 하나님의 관계 공동체가 아닌 왕 중심의 권력적 공동체로 이끈다 해도, 그리고 자기들을 하나님의 뜻을 이루는 창조와 구원 소명을 위한 삶이 아닌 왕의 편리와 권력 강화를 위한 삶으로 이끈다 해도, 그들은 왕을 원했다.

결국 사무엘은 하나님의 인도를 받아 사울을 왕으로 세웠다. 그러나 역시, 사울은 이스라엘을 하나님의 관계 공동체가 아닌 자기 백성 공동체로 만들어갔다. 처음에는 호기로움으로 이스라엘을 잘 다스리는 듯 했다. 그러나 사람들을 움직이고 이스라엘 전체를 호령할 수 있는 지위가 사울을 가만 놔두지 않았다. 그는 하나님의 진멸 명령(삼상 15:3)을 어기고 자기와 자기 백성들이 그 싸움의 전리품 취하는 일을 방치했다(9). 왕으로서 그 정도는 해 주어야 한다고 생각한 것이다. 그뿐이 아니었다. 그는 사람들이 자기가 아닌 다윗에게 관심을 쏟자 그것을 시기했다. 그리고 하나님께서 다윗에게 기름 부었음을 아는지 모르는지 다윗을 죽이려 했다(삼상 19:10). 그는 이스라엘 모든 땅과 백성들 심지어 하나님까지도 자기를 중심으로 움직이기를 바랐다. 하나님의 이스라엘은 결국 하나님의 관계 공동체가 아니라 사울과의 관계 공동체가 되고 말았다.

왕 중심 공동체로의 잘못된 전이는 다윗이나 솔로몬 같은 위대한 왕들에게서도 많이 나타났다. 다윗은 이스라엘 전체 역사를 통틀어 하나님 보시기에 선하고 옳았다는 평가를 받았다. 그런 그에게도 하나님 관계 공동체의 측면에서 문제는 있었다. 그는 자기의 욕심을 위하여 자기 부하 장수를 희생시키는 우를 범했었다. 밧세바와의 간음 사건은 정말이지 하나님 관계 공동체 내에서 발달할 수 있는 가장 전형적인 자기 욕망 채우기 식 관계 파괴의 사례이다. 다윗은 자신의 부하 장수들과 백성들이 요단강 건너 강력한 적이었던 암몬을 대항하여 힘들게 싸우고 있을 때 예루살렘에 남아 자신의 정욕을 채울 방법을 강구하고 있었다(삼하 11:1~3). 그 뿐이 아니었다. 다윗은 하나님의 관계 공동체를 확장하기 위해 현장에서 세상과 싸우며 사역하는 자기 휘하의 장수 한 사람을 밧세바와의 관계를 숨기기 위해 죽이기까지 했다(삼하 11:17). 다윗의 관계 공동체 내에서의 권력 오용은 이뿐이 아니었다. 그는 '자기의 나라'가 태평해 지자 곧 자기 나라의 부강함이 어느 정도인지 알아보려 했다. 그리고 나라의 모든 것이 마치 자기 것이나 된 듯 병사수를 조사했다(삼하 24:2).

솔로몬은 다윗보다 한 수 위였다. 솔로몬의 경우에는 이전 지도자들이나 왕들이 벌인 모든 하나님 관계 공동체 훼손 방식의 집대성이라고 할 수 있다. 그는 우상숭배와 더불어 왕으로서 자기중심의 정치적 경제적, 종교적 관계를 이스라엘 국가 내에 확고하게 세웠다. 그러나 이런 식의 자기를 중심으로 하는 관계 공동체 정립의 전형적인 사례는 오히려 다윗과 솔로몬의 나라가 두 개로 분열되는 과정 그리고 이후 왕들의 행태에서 더 쉽게 찾아낼 수 있다.

북이스라엘을 분립 건국한 여로보암은 솔로몬의 아들 르호보암이 국가를 함부로 운영하는 와중에 그 병폐를 묵과할 수 없다는 명분으로 르호보암에게 반기를 든 열 지파를 모아 자기중심적인 공동체를 세웠다. 그는 북이스라엘의 백성들이 자기를 떠나 남쪽 나라 유다에 가 그곳 예루살렘의 성전에서 예배드리는 일을 두고 볼 수 없었다. 결국 그는 자기 백성들이 자기 나라 안에서 하나님을 만날 수 있도록 단(Dan)과 벧엘(Bethel)에다 제단을 만들었다(왕상 12:27~29). 이것은 하나님의 관계 공동체의 관점에서 놀라운 일이다. 여로보암은 지금 하나님 관계 공동체의 중심지라 할 수 있는 예루살렘을 떠나 자기중심의 중심지들을 구축한 뒤 그곳에서 하나님을 예배할 수 있도록 한다는 명분으로 백성들을 잘못 이끈 것이다. 이것은 정치와 경제를 넘어 종교적인 면까지 모두 포괄하는 이탈이었다. 여로보암의 이탈과 자기중심 공동체의 별도 구현은 오므리와 아합에게서 더욱 확장되었다. 아합은 말 그대로 강력한 군주였다. 그러나 그것은 어디까지나 자기중심적인 것이었다. 아합은 아내 이세벨과 더불어 정치와 군사, 경제를 넘어서 종교적인 측면에서도 이전 이스라엘 공동체의 패턴과 전혀 다른 방식을 추구했다. 그는 아예 자기 국가의 종교를 바꿔 버렸다. 그는 여호와를 하나님으로 섬기는 대신 아내 이세벨이 가져온 바알을 하나님으로 섬기는 대대적인 개혁을 추구했다. 바알(Baal)은 주'인(master)'을 의미한다. 그러나 이 신은 자기가 주인 되는 것 보다 그를 섬기는 권세자를 주인으로 만들어 주는 일에 더 능숙했다. 아합은 아내 이세벨과 더불어 분리된 하나님의 관계 공동체의 한쪽을 완전히 자기의, 자기를 위한 나라로 만드는데 치밀했다. 그는 이 일을 완성하기 위해 아방가르드(avant-garde) 즉, 선봉부대를 조성했을 뿐 아니라 모든 백성들로 하여금 하나님이 아닌 바알, 말하자면 자기 자신을 중심으로 삶을 조정하도록 이끌었다.

하나님은 그러나 이스라엘 역사 내내 당신의 거룩한 관계 공동체를 지키셨다. 지키셨을 뿐 아니라 회복시키고 부흥시키기 위해 힘쓰셨다. 하나님께서는 특별히 당신의 백성들 가운데 신실한 이들을 세우시고 그들을 관계 공동체 회복을 위한 사역에 보내셨다. 보통 선지자라고 불리는 이들의 사역은 아무래도 모세의 사역에서 원형을 찾아야 할 것이다. 모세는 특별한 지도자였다. 그는 예언자였다. 그는 출애굽한 이스라엘 백성들이 시내산에서 하나님의 관계 공동체로 살아갈 것을 결단한 후 그 공동체가 무너질 위기에 직면할 때마다 백성들을 깨우치시고 관계 공동체 회복을 위해 노력했다. 모세의 이런 역할은 소위 예언자적 전통으로 이어졌다. 가나안에 정착한 이스라엘의 역사에서 하나님의 예언자들(navi, prophets)은 당대의 이스라엘이 하나님 보시기에, 특히 모세의 율법 전통에 비추어 바르지 못한 일들에 대해 비판을 가했다. 그들은 모세가 하나님의 뜻에 따라 세운 이스라엘이 벌이는 잘못을 분명하게 언급하고 그것을 깨우쳤을 뿐 아니라 백성 공동체가 바르게 나아가야할 방향을 제시하기도 했다.

이스라엘 역사에서 이 일의 선두주자는 아무래도 사무엘과 나단, 갓 등일 것이다. 그들은 이후 대선지자들이라고 부르는 이들에 비해 덜 알려져 있지만 사사들의 시대와 왕정시대 초기를 지나면서 이스라엘 백성들이 하나님의 사명을 받은 관계 공동체로서 원래의 모습을 회복해야 한다고 끊임없이 외쳤다. 단연 돋보이는 예언자는 엘리야와 이사야, 에스겔과 다니엘 등일 것이다. 엘리야는 앞서 언급한 대로 자기중심 공동체를 세우려는 욕심 많은 아합왕 시절, 왕과 거짓 선지자들, 그리고 백성들 등 상대를 가리지 않고 비판했다. 엘리야는 그들이 바르게 서야할 곳은 바알이 아니라 하나님 앞이라고 외쳤다.

이사야의 경우에는 이스라엘이 그 바르지 못한 모습 때문에 받는 형벌의 기간 포로로 간 나라 한복판에 서서 하나님의 관계 공동체가 나아가야할 비전과 새로운 방향을 외쳤다. 그는 "내 집은 만민이 기도하는 집이라 일컬음을 받으리라"고 선언했다(사 56:7). 그의 외침은 곧 이스라엘이 자기들만의 이기적인 잘못된 모습을 버리고 하나님의 관계 공동체로서 창세 때의 비전과 출애굽 때의 비전을 회복해야 함을 말한 것이다. 이사야의 관계 공동체를 향한 바른 비전에 대한 예언은 에스겔에서도 동일하게 발견된다. 에스겔은 새롭게 세워질 예루살렘 성전에 대한 환상에서 그 성전으로부터 흘러나온 물 즉, 하나님의 은혜는 가는 곳마다 모든 생명을 다시 살아나게 하는 놀라운 능력을 보일 것이라고 외쳤다(겔 47:12). 이 모든 예언자들의 사역은 결국 하나님의 백성, 관계 공동체가 하나님과 세상 사이에 서서 그 관계의 온전함을 회복하고 부흥하게 하는 일에 초점을 맞추고 있음을 알게 한다.

예수님의 새로운 관계 공동체

하나님의 관계 공동체는 예수님의 오심과 십자가 죽으심을 통해

결정적으로 공고하게 확장되었다. 하나님의 아들 예수님은 새로운 이스라엘을 위해 이 땅에 오셨다. 하나님께서는 아브라함과 야곱의 자손 이스라엘이 세상 가운데서 생육하고 번성하여 땅에 충만하기를 바라셨다. 하나님의 세상 구원을 향한 뜻을 세상 곳곳에서 실현하기를 바라신 것이다. 그러나 이스라엘은 하나님의 뜻에 충실하지 않았다. 앞서 언급한 바와 같이 이스라엘은 자기중심 관계 공동체 형성에 오히려 열을 올렸다. 하나님께서는 그런 이스라엘을 향해 진노하셨다. 그리고 벌을 내리셨다. 하나님께서 "어떻게 독수리 날개로 구원했는지"(출 19:4)에 대해 기억을 상실한 이스라엘을 하나님은 강력하게 비판하시고 그리고 그들을 징계하셨다.

그러나 하나님의 관계 공동체 확장을 위한 신실하신 마음은 사라지지 않았다. 하나님께서는 이스라엘을 포함하여 전 세계 피조세계의 잠정적 이스라엘에 대하여 긍휼의 마음을 품으셨다. 하나님께서는 그들이 길 잃은 양처럼, 목자 잃은 양처럼 갈 바를 잃고 헤매는 모습을 보시며 슬퍼하셨다. 그리고 그들을 긍휼히 여기셨다. 하나님께서는 한편으로 양떼를 돌보지 않는 지도자들과 이스라엘 자체를 비판하시면서도, 다른 한편으로는 그들에게 새로운 지도자, 새로운 중보자가 필요함을 아시고 신실했던 다윗의 이미지를 가진 새 목자를 세우기로 하셨다(겔 34:22~24). 아들 하나님, 예수 그리스도의 성육신이다.

예수님은 하나님으로서 성부 하나님의 창조에 참여하셨다. 예수님은 하나님의 세상 창조가 구현되도록 하는 일에서 하나님과 함께 창조에 임하셨으며, 하나님의 세상을 향한 사랑의 의지가 반영된 세상과 함께 하셨다. 요한복음은 성자 하나님 예수 그리스도의 이런 모습을 다음과 같이 표현했다. "태초에 말씀이 계시니라 이 말씀이 하나님과 함께 계셨으니 이 말씀은 곧 하나님이시니라 그가 태초에 하나님과 함께 계셨고 만물이 그로 말미암아 지은 바 되었으니 지은 것이 하나도 그가 없이는 된 것이 없느니라"(요 1:1~3). 말씀이신 예수님은 곧 세상 창조와 섭리, 구원과 종말에 대한 하나님의 뜻이 세상 가운데 드러나고 구체화되는 것에 관한 성자 하나님의 역할을 의미한다. 하나님의 아들로서 예수님은 이 세상이 어떻게, 어떤 의지와 방향으로 지어졌는지를 잘 아시고 그것이 이 세상 가운데 구체적으로 드러나도록 하신 분이라는 것이다. 결국 새로운 이스라엘을 위하여 이 땅에 오신 예수님은 누구보다 하나님의 창조와 섭리, 구원과 종말에 관한 귀한 뜻을 잘 알고 계셨다. 그리고 그것이 이 땅 가운데서 실현되는 일에 깊은 관심을 가지셨다. 예수님은 제자들에게 가르치신 기도에서 이렇게 표현하셨다. "뜻이 하늘에서 이루어진 것 같이 땅에서도 이루어지이다"(마 6:10).

새로운 이스라엘 즉, 새로운 하나님 관계 공동체 구성을 위해 이 땅에 오신 예수님께서 가장 먼저 하신 일은 하나님 나라의 임박을 선포하시고(막 1:15) 제자를 부르신 것이다(16~20). 예수님께서는 새로운 이스라엘을 상징하는 열 두 명의 제자를 부르셨다. 마치 하나님께서 모세를 통해 이스라엘을 출애굽하신 것과 같은 모양새였다. 그리고 예수님께서는 그 제자들을 산으로 불러내시고 세상과 당신 사이에 세우신 후 옛날 모세에게 주셨던 계명을 넘어서는 새로운 계명을 주셨다(마 5:1). 새로운 이스라엘에게 새 계명을 주신 것이다. 예수님은 먼저 하나님을 향한 가난한 마음을 품은 가운데 하나님의 의와 하나님의 통치를 열망하는 이들에게 세상을 향하여 빛과 소금된 정체성을 부여하셨다. 그리고 그들에게 십계명을 넘어서는 새로운 계명과 삶의 방식들을 주셨다. 소위 '산상수훈(the Sermon on the Mount)'이라 불리는 새로운 이스라엘의 삶의 방식은 이후 제자들의 삶에 기준이 되었다. 이렇게 열두 명의 제자를 중심으로 새로운 이스라엘을 세우신 예수님은 약 3년여의 공생애 동안 이 제자들을 데리고 다니시며 실질적으로 하나님의 관계 공동체를 이루는 길을 본으로 보이셨다.

예수님께서 본을 보이신 것은 먼저 하나님 나라를 선포하고 피조물을 치유하여 회복하는 일이었다. 예수님께서는 몸소 여러 곳 즉,

갈릴리와 이방의 땅들 및 유대와 사마리아 등지를 다니시며 하나님의 나라를 선포하셨고 사람들의 몸과 마음 및 영혼을 치유하셨다. 예수님의 하나님 나라 선포와 치유는 하나님의 형상을 가진 하나님의 사람들을 생육하는 일이고 번성하게 하는 일이며, 이 땅 가운데 충만하게 하는 일이었다. 예수님께서는 사람들로 하여금 회개하게 하시고 또 그들을 치유하시는 가운데 하나님의 형상으로 회복시키셨을 뿐 아니라 그들을 새로운 이스라엘의 일원으로서 세상을 하나님께로 인도하는 일을 위해 파송하셨다(요 4:28~30). 새로운 이스라엘이 되어 하나님의 은혜를 전하는 일은 예수 그리스도 안에서 삼위 하나님과의 사랑 아래 관계를 형성하게 된 거의 모든 이들에게서 나타나는 놀라운 결과였다. 예수님께서 전파하신 사람들, 고치신 사람들 그리고 회복하신 사람들은 거의 모두 하나님의 관계 공동체 안으로 능동적으로 참여하였고 스스로 창조와 구원의 사명을 받아들이고 그 사역자가 되었다(눅 19:8~9).

그러나 가장 중요한 부분은 예수님께서 십자가에 달리시고 부활하시는 순간까지 철저하게 '하늘 하나님 중심 개념(heavenly God centered concept)'을 지키셨다는 것이다. 예수님은 탄생에서부터 나사렛에서의 삶, 그리고 사역 전반과 십자가 사건에 이르기까지 늘 신실하게 하나님 중심의 사역을 이루셨다. 예수님은 사역 내내 특히 하늘 하나님의 뜻을 앞세우셨다. 예수님은 사탄에게 시험받을 때 "떡으로만 살 것이 아니요 하나님의 입으로 나오는 모든 말씀으로 살 것"(마 4:4)과 "주 너의 하나님께 경배하고 다만 그를 섬기라"(눅 4:8)고 말씀하셨고, 또 "주 너의 하나님을 시험하지 말라"(눅 4:12)고 외치셨다. 예수님은 제자들에게 기도를 가르치실 때 그 기도의 대상이 하늘에 계신 하나님이어야 한다고 말씀하셨다. 그리고 기도 가운데 "뜻이 하늘에서 이루어진 것 같이 땅에서도 이루어지이다"(마 6:10)라는 말을 다루도록 가르치셨다. 예수님은 당신과 당신의 제자들 즉, 새 이스라엘이 세상에 관계 공동체를 세우신 하나님의 뜻을 아는 것, 그 뜻이 실현되는 일에 대해 관심을 갖는 것이 중요하다고 하신 것이다. 예수님께서는 하나님의 뜻을 알고 하나님과 동행하는 일을 중요하게 여기셨다. 예수님께서는 항상 스스로 이 세상에 선 것이 아니라 하늘 아버지 하나님으로부터 보냄을 받았다고 말씀하셨다(눅 4:18). 또 예수님께서는 늘 하나님과 교제하는 일을 중요하게 여기시고 사역하시는 내내 곳곳에서 '한적한 곳'을 찾아 기도하며 하나님의 뜻을 구하셨다(마 6:36, 눅 5:16). 당신과 당신의 사역이 하나님으로부터 보냄 받으신 목적과 뜻 가운데 계시기를 원하셨던 것이다. 그렇게 예수님께서는 늘 하나님과 교제하시는 가운데 하나님의 뜻이 당신 스스로의 뜻을 앞서기를 원하셨다. 예수님께서는 그래서 마지막 하나님과의 교제, 겟세마네에서의 기도를 이렇게 드리셨다. "아빠 아버지여 아버지께는 모든 것이 가능하오니 이 잔을 내게서 옮기시옵소서 그러나 나의 원대로 마시옵고 아버지의 원대로 하옵소서"(막 14:36). 예수님께서는 마지막 순간까지 자신이 아닌 하나님의 뜻을 이루는 자리를 선택하신 것이다.

무엇보다 예수님께서는 하나님 중심으로 하나님과 교제하는 가운데 그 뜻을 이루는 삶과 사역이 당신을 넘어서 새 이스라엘 즉, 열두 제자로 상징되는 하나님의 관계 공동체로 확장되기를 바라셨다. 예수님께서는 제자들을 둘씩 짝지우시고서 예수님께서 가려하신 동네 즉, 목자를 잃은 채 길을 헤매는 이들에게 보내셨다(눅 10:1~2). 예수님께서는 마지막 제자들과의 식사에서 이렇게 말씀하셨다. "아버지께서 나를 보내신 것 같이 나도 너희를 보내노라." 예수님께서는 스스로 이루신 하나님의 관계 공동체를 소명으로 무장한 제자들을 통해 확장하기를 원하셨다. 예수님은 결국 십자가 사역으로 완성하신 하나님의 관계 공동체의 덕스러움을 제자들을 통해 확장하셨다. 예수님께서는 마지막 하늘로 올라가시기 전 제자들에게 이렇게 말씀하셨다. "하늘과 땅의 모든 권세를 내게 주셨으니 그러므로 너희는 가서 모든 민족을 제자로 삼아 아버지와 아들과 성령의 이름으로 세례를 베풀고 내가 너희에게 분부한 모든 것을 가르쳐 지키게 하라"(마 28:18~20).

예수님의 선언과 선포는 창세기 1장에 기록된 하나님의 선포와 약속, 그리고 노아와 아브라함, 출애굽한 이스라엘 백성들에게 하신 선포와 약속을 상기시킨다. 예수님은 새로운 것을 말씀하지 않으셨다. 예수님은 창세로부터 당신 스스로 이어온 하나님의 사람들을 향한 축복과 사명을 보다 더 구체적으로 실현하기를 원하셨던 것이다. 그것은 바로 삼위 하나님과의 사랑어린 관계로 이루어진 공동체의 확장이다.

관계적 나눔으로 세상에 충만한 교회

예수님에 의해 새로 만들어진 하나님의 관계 공동체는 그 주어진 사명에 충실했다. 그래서 부흥했다. 그들은 관계 공동체의 확장을 위해 임하시는 성령을 체험했다. 성령은 예수님의 약속대로 그들에게 임했고 그들에게 힘과 능력 그리고 담대함을 주셨다. 성령이 주신 것은 그 뿐이 아니었다. 성령은 하나님의 관계 공동체를 확장을 위하여 그들이 나아가야할 곳에서 활용될 언어적 지경도 넓히셨다. 성령이 다락방에 임하시면서 하나님의 관계 공동체는 세상 곳곳으로 나아갈 능력과 힘을 얻었다. 그리고 가는 곳곳에서 그들은 공동체가 실질적으로 확장되는 놀라운 일들을 경험했다. 성경은 그들의 부흥을 "하나님의 말씀이 흥왕하였더라"고 말한다(행 12:24).

사도행전이 말하는 하나님의 관계 공동체 확장은 예수님께서 복음서 가운데 이루신 일들의 신실하고 의미 있는 재생(repetition)이었다. 그들은 우선 하나님과 아들 예수 그리스도에 의해, 그리고 성령에 의해 보냄 받았음을 잘 알았다. 그들은 무엇보다 하나님의 뜻에 충실했으며, 그래서 예수님께서 그들에게 가르치신 것들을 바르게, 깊게 그리고 풍성하게 알았다. 그들은 예수님을 통해 알게 된 하나님의 세상을 향한 관계 회복의 뜻을 가지고 하나님의 영이 이끄시는대로 각각의 땅 끝으로 나아가 하나님의 긍휼이 필요한 이들을 만났다. 그리고 그들에게 예수 그리스도를 중심으로 하는 하나님의 귀한 뜻을 가르쳤다. 그냥 가르치기만 한 것이 아니었다. 그들은 그 땅 끝에서 만난 이들의 육신과 마음, 그리고 영혼이 어우러진 삶을 회복시키는 일에도 최선을 다했다. 예수님의 새 이스라엘, 초대교회는 예수 그리스도의 십자가 능력을 힘입어 하나님께서 창세 때에 지으신 피조물의 모습으로 회복시키는 일에 주력한 것이다. 그렇게 예루살렘과 유대 땅의 사람들과 더불어 사마리아의 사람들, 나아가 에디오피아에서 온 간다게, 가이사랴의 고넬료 및 욥바의 다비다 등으로 대표

되는 사람들이 하나님의 관계 공동체 안으로 들어오게 되었다.

하나님의 관계 공동체 확장은 바울과 사도들을 통해 이방인을 향하여 더욱 확장적으로 나아갔다. 안디옥교회는 예수님을 통해 재정립된 하나님의 관계 공동체가 단지 유대인들만의 것이 아니라 세상 모든 사람들을 위한 것이어야 한다고 믿었다. 그리고 그 놀라운 사명을 헬라와 로마 세계, 나아가 당대 모든 나라 이방인들에게 확장했다. 하나님의 관계 공동체로 세상을 중보하려는 사도들의 헌신은 곧 그 공동체에 참여하기를 소망하는 이들의 행렬을 만들었다. 그렇게 하나님의 관계 공동체는 생육하고 번성했으며, 이 땅 곳곳에 충만해지기 시작했다. 이 모든 일들이 순조로웠던 것은 아니다. 하나님의 관계 공동체는 또 다른 위기에 직면하기도 했다. 안디옥교회와 예루살렘교회 공동체 내부에는 분열이 있었으며, 고린도교회에서는 하나님의 뜻 보다는 자기의 뜻을 앞세우는 지도자들이 많았다. 소아시아의 교회들 역시 하나님의 뜻 보다는 세상과의 타협을 더 중요하게 여기는 모습을 보이기도 했다. 이런 상황들은 하나님의 관계 공동체 구성원들과 지도자들의 의지를 꺾고 실망하게 했으며 때로는 상실감과 좌절감을 안기기도 했다.

그러나 하나님께서는 당신의 관계 공동체가 확장되는 일을 여전히 멈추지 않으셨다. 하나님은 모든 위기의 순간을 넘어 다시 세워진 당신의 관계 공동체가 이 세상 끝까지 확장되고 충만하게 되어 하나님의 사랑어린 관계 나눔의 정신이 다시 세상 가운데 충만하기를 바라셨다. 하나님의 사랑어린 상호침투의 관계가 이 땅 모든 피조물들의 존재의 기반이 되고 삶의 기준이 되며, 은혜가 되게 하시려는 것이었다. 이런 관점에서 하나님의 관계 공동체라는 측면의 성경의 이야기는 오늘도 계속된다. 오늘 전 세계에 퍼져있는 하나님의 관계 공동체 즉, 교회는 지금도 예수 그리스도에 의해 세상에 드러난 하나님의 관계적 나눔 안으로 세상 모든 사람들과 피조물들을 이끌어 들이고 그렇게 해서 세상을 창조 때의 평안으로 인도하기 위해 힘쓰고 있다.

3장

관계로 세우는 교회

폴 틸리히가 말하는 "상관관계"

폴 틸리히(Paul Tillich)는 20세기 위대한 신학자 가운데 한 사람으로 소위 '상호적 상관관계(correlation)'의 문제를 신학적으로 통찰하여 큰 주목을 끌었다. 그의 관계성에 대한 통찰 이후 교회는 하나님과 인간, 문화와 종교 등의 다양한 측면에서 신과 인간 사이, 인간과 인간 사이 어느 한쪽의 일방적인 역할보다는 상호성의 논리를 더욱 존중하게 되었다. 그 덕분에 교회는 하나님 앞에서 무조건 피동적일 수밖에 없는 인간이라는 신학적 규정을 벗어나 주체적으로 질문하는 가운데 하나님과 상호적으로 관계하는 인간의 문제를 탐구하게 되었다. 나아가 교회 역시 세상 위에 군림하여 존재하는 초월적 구조로부터 탈피하여 세상과 상호 관계하는 구조로서 모습으로 발전하게 되었다. 특히 교회와 기독교가 갖는 세상과의 상호성 논리는 교회로 하여금 신학만이 아닌 다양한 실천 과제들을 연구 주제와 사역 주제로 삼게 했다. 기독교교육이나 상담과 같은 실천신학의 영역들이 등장하게 된 것도 틸리히의 연구 덕분이었다. 교회는 이로서 일방적인 계시 전달의 매체가 아니라 세상과 하나님 사이를 상호성의 논리에 근거하여 중보하는 기관이 되었다.

틸리히의 상관관계는 사실 20세기 두 명의 위대한 신학자들이 던진 공고한 명제에 대한 도전이었다. 틸리히는 우선 당대 신학계의 거두였으며 루터와 캘빈 이후 가장 주목받은 신학자 칼 바르트의 신학 방법론과 대척점에 서 있었다. 바르트는 신학의 출발이 하나님의 계시라고 보았다. 바르트는 신학이라는 것이 하나님의 말씀 예수 그리스도를 통해 드러난 계시를 이해하고 설명하는 일이라고 보았다. 바르트에 의하면 인간은 예수 그리스도를 통해 드러난 하나님의 뜻을 듣고 이해하고 순종해야 하는 존재였다. 바르트의 신학적 방법론은 당대의 위대한 성서신학자 루돌프 불트만의 신학적 방법론에서 자연스레 이어졌다. 불트만은 성서신학이 '하나님께서 진정으로 말씀하신 것'에 대한 탐구라고 보았는데, 그는 하나님께서 말씀하신 것을 성서 안에서 찾는 가운데 인간의 실존적인 질문들이 요구된다고 보았다. 위에서 아래로 향하는 방향을 취하고 있으며, 하나님의 말씀이 앞서고 인간이 뒤서는 맥락인 것이다. 사실 신학적 작업에서 인간에 대한 고려가 부차적이어야 한다는 것은 바르트에게서도 마찬가지였다. 바르트는 계시를 통해 드러나는 하나님의 뜻이 온전하게 보전되는 것이 무엇보다 중요했다. 결국 바르트나 불트만에게서 하나님의 '케리그마'는 중요한 전제였다. 그들은 모두 예수 그리스도를 통해 드러난 하나님의 계시가 본래의 순수하고 온전한 형태를 유지하여 인간에게 전수되는 것이 중요하다고 보았다.

틸리히는 동시대 신정통주의신학자들과 노선을 같이하면서도 그들의 계시 중심, 혹은 계시 우선의 방법론에 대해 문제를 제기했다. 그는 우선 바르트가 말하는 '위에서 아래로 향하는 신학적 방법론'에 대해, 신학이라는 것은 기본적으로 인간의 물음(human question)으로부터 출발한다고 보았다. 그는 신학이 인간의 질문에 대해 하나님께서 어떻게 대답하시는지에 대한 이야기라고 보았다. 말하자면, 신학은 아래에서 시작하여 위로 향한다는 것이다. 틸리히에 의하면 신학은 결국 인간의 물음과 하나님의 응답이 만나는 것이었다. 물론 틸리히는 하나님의 케리그마 중심 신학이라는 것이 결국 인간 실존과 상관없는 것이 될 수 있다는 것과 인간 실존적 질문에 의해 탐구되는 신학이 반대로 하나님의 뜻을 희석시킬 가능성이 있음 모두를 잘 알았다. 그럼에도 틸리히는 신학적 작업에서 우선해야 하는 것은 인간이 실존 현장에서 던지는 질문이라고 보았다. 틸리히에게 신학은 이 인간 질문이며 하나님과의 관계 안에서 그 답을 구하는 것이었다.

그러나 틸리히의 생각이 하나의 온전한 신학이고자 하는 차원에서 인간의 질문에는 '그저 그런 실존적 질문들'과는 격이 다른 질문이 필요했다. 틸리히는 이런 맥락에서 신학이 다루는 인간 실존의 질문이 다분히 철학적이라고 보았다. 그는 인간이 던지는 자기 실존 관련 질문 가운데 가장 본질적인 자리에 '궁극적 관심(ultimate concern)'이 있다고 보았다. 인간은 누구나 스스로 자기 자신의 존재를 규정하고자 하는 질문을 던지는데, 그 질문 가운데 가장 궁극적인 것이 바로 종교적인 질문 즉, 궁극적 관심이라는 것이다. 모든 인간은 이 궁극적인 관심 즉, 자기 존재에 관한 매우 실존적인 질문을 하나님을 향해 던지고 그 답을 얻음으로서 존재의 가장 중요한 근거를 얻게 된다는 것이다. 이런 면에서 틸리히는 인간 실존의 질문은 유명론(nominalism)을 말하는 그저 이름뿐인 존재들에 대한 현대철학의 주장을 반박한다. 그는 하나님이야 말로 존재 자체라고 보고 세상에 실존하는 모든 인간들이 그 존재 자체이신 하나님에게서 자기 존재에 대한 질문의 답을 얻게 될 때 '그저 이름뿐'이 아닌 실재하는 존재로서 존재 기반을 얻게 된다고 보았다.

결국 틸리히 신학의 핵심은 이렇다. 인간은 세상 가운데 실존하면서 자기 존재 근거를 질문하고 찾아간다. 그런 가운데 가장 궁극적인 존재로서 하나님을 향하여 자기 존재에 대한 질문을 하게 될 때, 그리고 하나님에게서 그 질문에 응답을 얻게 될 때, 인간은 비로소 세상 가운데 살아갈 '존재의 힘'을 얻게 된다는 것이다. 사실 인간은 순간순간 '비존재(non-being)'의 위기에 직면한다. 무한하게 확장되는 지식과 경험, 우주의 한복판에서 인간은 자기가 어떤 존재인지 길을 잃고 자기 주체성과 정체성을 상실하기 십상이다. 틸리히는 인간이 현대사회의 거대하고 무지막지한 흐름 한복판에 서서 자기 존재를 상실할 위기에 직면하여 있음을 간파하고 그 불안한 실존 가운데 있는 위기의 인간을 규명했다. 틸리히가 보는 죄는 바로 이런 실존적 위기에 빠진 인간, 진정한 존재로서 자기 자신을 선택할 수 있었음에도 그 길을 선택하지 않고 불안한 자아에 빠져든 인간의 모습이었다. 그래서 틸리히는 인간의 죄가 존재됨으로부터의 소외(alienation)이라고 설명한다.

중요한 것은 인간이 현재적 존재 불안의 상태 즉, 소외의 상태를 스스로 벗어날 수 없다는 것이다. 여기서부터 신학은 중요한 역할을 한다. 신학은 인간이 자기 실존적인 질문 가운데 가장 궁극적인 질문에 도달했을 때 그 질문에 적절하게 응답한다. 틸리히의 신학은 우선 인간이 느끼는 존재의 불안이 죽음과 운명에 대한 불안, 허무와 무의 불안 그리고 마지막으로 죄책과 정죄의 불안 등 세 가지라고 보았는데, 이 가운데 죄책과 정죄의 불안은 인간이 스스로의 힘으로 극복할 수 없는 것이라고 보았다. 그는 인간이 죄 및 죄책으로서 비존재의 불안 즉, 소외의 불안에 빠져있는데 이것을 극복하기 위하여 일종의 도덕적 노력들을 기울인다고 보았다. 그러나 틸리히에 의하면 도덕적 노력들은 인간을 그 모든 죄의 굴레로부터 자유하게 하지는 못한다. 틸리히는 하나님의 품으심을 통해서만, 틸리히 식으로 말하자면,

하나님의 품으심을 향해서 담대하게 나아갈 용기를 통해서만 죄 및 죄책으로부터 해방이 가능하다고 보았다. 인간은 이러한 하나님의 존재에의 참여를 통해 진정한 삶의 의미로서 자기 존재를 확신할 수 있게 된다. 이것이 바로 존재를 향한 용기이며 우리가 신앙이라고 부르는 것이다.

틸리히의 신학은 한마디로 인간의 자기 실존에 대한 질문과 그 응답으로서 하나님의 품으심, 그리고 그 품으심에 대한 인간의 수용이 발생하는 상호관계에 대한 정의이다. 틸리히의 상호관계의 신학은 이런 면에서 교회의 관계적 실천에 흥미로운 제안을 하고 있다. 틸리히는 교회가 인간 실존의 질문을 여는 장이여야 한다고 본다. 틸리히는 교회가 인간 실존의 모호함을 그대로 드러내고 그 인간들로 하여금 존재 그 자체로서 하나님을 경험하도록 해야 한다고 말하고 있다. 결국 틸리히의 신학은 교회를 중심으로 관계적 목회사역을 시도하는 지도자들에게 다음 몇 가지 차원의 중요한 초점 맞추기를 가능하게 한다. 첫째, 교회는 성도로 하여금 자기 실존의 현실을 말할 수 있도록 해야 한다. 교회는 인간 특히 성도로 하여금 자기 삶의 현실을 돌아보게 하고 그 삶의 질문을 그저 그런 실존의 질문이 아닌 궁극을 향한 실존의 질문이 되도록 이끌어야 한다. 둘째, 교회는 그 실존의 물음들에 이어 질문자 앞에 서신 하나님과의 만남이 이루어지도록 안내해야 한다. 성도들이 삶의 실존 가운데 제기하는 질문은 곧 예배와 다양한 목회적 나눔을 통하여 하나님과의 만남으로 이어지도록 해야 한다. 그렇게 해서 성도들이 직면한 실존적 문제의 가장 근본적인 해결을 경험할 수 있도록 해야 한다. 셋째, 교회는 하나님과의 만남을 통해 얻게 된 실존적 문제의 해결이 한 명의 그리스도인으로서 공동체와 세상 가운데 존재하는 용기로 이어지도록 안내해야 한다. 그리스도인으로서 공동체와 세상 가운데 존재하는 용기란 존재의 근거로서 하나님을 믿는 믿음 가운데 공동체와 세상 가운데 자기 자신으로 존재하는 힘을 갖는 것을 말한다.

루이스 쉐릴의 만남의 사역

폴 틸리히가 철학적이고 논리적인 측면에서 인간의 실존과 그 심리를 집중적으로 탐구하여 신앙 안에서 관계적 차원의 길을 모색했다면, 거의 동시대 종교심리학자이며 기독교교육학자인 루이스 쉐릴(Lewis Joseph Sherill)은 틸리히를 비롯한 신정통주의 신학자들의 생각을 종교심리학적 입장에서 확장한 뒤 교회의 교육적 사역으로 연결 지은 탁월한 학자였다. 틸리히가 인간 존재의 불안 문제를 본격적인 신학적 소재로 들고 나온 이후, 그리고 그 인간 소외가 궁극적 존재 기반으로서 하나님에 의해 회복될 수 있다는 가능성을 이야기한 이후, 이런 식의 관계적 신학의 전개는 교회 실천을 논하는 사람들에게 안정적인 출발점이 되어 주었다.

쉐릴의 교회교육적 실천의 핵심은 바로 '만남(encounter)'이다. 쉐릴은 만남이라는 화두를 상호 작용하는 원리에서 파악했다, 즉, 인간은 자기 자신을 잘 알 때 하나님을 알게 되고 하나님을 알게 될 때 진정 자기 자신을 알게 된다는 것이다. 인간은 자기 자신의 현실과 문제를 있는 그대로 그리고 깊이 있게 대면해야 한다. 인간이 자기 문제와 현실을 깊이 있게 대면하는 자리에 서면 그곳에서 그는 자기 자신 보다는 하나님을 대면(confrontation)하게 된다. 하나님께서 인간의 실존 깊은 곳으로 찾아오신 것이다. 이 때 인간은 하나님 앞에 서는 용기를 갖고 하나님과 만남(encounter)을 가져야 한다. 이것이 바로 쉐릴이 말하는 하나님과 인간의 만남이다. 중요한 것은 이 만남이 지향하는 바이다. 쉐릴에 의하면 하나님과 인간의 만남은 종국에 하나님과의 관계 회복을 지향한다. 이 관계 회복이야 말로 인간이 자기 자신의 참 모습을 발견하고 자기를 변화시키는 길을 여는 첩경이 되는 것이다.

쉐릴이 말하는 인간과 하나님 사이의 변화를 위한 만남은 인간 자아에 대한 이해에서 출발한다. 쉐릴은 인간 자아가 일정한 방향을 향하여 되어가는 존재라고 보았다. 인간 자아는 정체되어 있거나 규정되어 있지 않다. 인간 자아는 존재화(becoming) 되어가고 있다. 되어간다는 것은 변화를 의미한다. 중요한 것은 이 존재화가 타인과의 관계 속에서 이루어진다는 것이다. 만일 관계에 문제가 생긴다거나 관계가 부정적인 모습으로 변질되어 간다면 그것은 잘못된 관계 때문이다. 한 가지 더 중요한 것은 이 관계가 어느 한 쪽의 일방적인 것이라기보다는 늘 상호적이라는 것이다. 인간의 자아 형성은 결국 존재 간의 관계를 통하여 이루어지는 것이며 그 관계는 상호간, 양자 간의 영향의 결과라고 볼 수 있는 것이다.

신학자로서 그리고 기독교교육자로서 쉐릴은 되어가는 존재로서 인간 자아가 '가능한 자아(potential self)와 '실존하는 자아(existing self)'의 두 가지 모습을 갖고 있다고 보았다. 가능한 자아란 하나님의 형상대로 지음 받은 인간 원래의 자아의 모습을 말한다. 이 자아의 모습은 하나님과 소통이 가능하고 하나님과 대면하여 응답할 수 있는 등 하나님과 관계가 가능한 자아이다. 가능한 자아는 결국 만남을 지향하는 교회교육과 사역이 늘 지향해야 하는 모습이 된다. 반면 실존적 자아는 시간과 공간 속 인간 삶에 현재하는 자아이다. 그래서 실존적 자아에는 인간의 희노애락이 존재하며 인간의 모든 감정적, 감성적 행태들이 드러나는 자아이다. 이런 식의 인간 현재 실존을 드러내는 자아에는 결국 상호 모순이 존재하기 마련이며 여기저기 혼란스럽고 혼탁한 모습을 갖는 것이 당연하다. 그래서 폴 틸리히가 그리고 롤로 메이(Rollo May)가 말하는 것과 같은 종류의 불안(anxiety)과 고독(loneliness)은 이 실존적 자아의 전형적인 모습이 된다. 불안과 고독 가운데 있는 실존적 자아는 그래서 고립되어 있으며, 관계가 단절된 모습으로 살아가게 된다.

자아의 고립된 모습은 관계 단절에서 기인한다. 쉐릴의 신학과 교육에서 중요한 것은 바로 인간과 하나님의 관계 단절을 극복하도록 하는 부분이다. 쉐릴은 인간 자아가 하나님과의 관계 단절로부터 시작되는 고독을 경험하면서 점차 가능적 자아로부터 실존적 자아로 추락한다고 보았다. 결국 쉐릴이 강조하는 인간 자아의 회복은 하나님과의 만남을 통하여 교회와의 관계, 타인과의 관계, 그리고 세상과의 관계 및 자기 자신과의 관계에서 중차대한 변화를 일으키는 것에서 시작된다.

인간과 하나님과의 관계 회복에서 우선하는 것은 하나님의 대면(confrontation)이다. 하나님께서는 인간에게 계시(reveal)하신다. 계시는 일종의 폭로로서 하나님이 자신을 드러내는 것이며 나타나는 것이다. 하나님께서 자신을 둘러싼 천을 벗어내고 인간에게 자신의 모습을 드러내시는 것을 의미한다. 물론 하나님께서 자기를 드러내시는 것은 인간의 실존과 대면하시고자 하는 것이다. 하나님께서는 인간의 불안한 실존 한가운데로 오셔서 자기를 나타내시고 인간으로 하여금 하나님을 대면하도록 하신다. 그렇게 인간과 만나고자 하심으로 하나님은 인간을 그 불안한 현실과 실존으로부터 구원하시고자 한다. 인간으로 하여금 더 이상 실존적 자아에 머물게 하지 않으시고 가능한 자아로 나아오도록 변화하게 하시는 것이다. 여기서 하나님은 인간에게 당신 자신을 그대로 드러내신다. 하나님께서는 당신 자신의 일면이나 당신 자신의 단출한 정보를 제공하시는 것이 아니다.

하나님께서 자신을 드러내시고 계시하실 때 인간은 그 하나님을 발견하고 하나님 앞에 서서 하나님과 만나야 한다. 그 만남은 사실 인간으로 하여금 그 상황을 긍정적으로 받아들이도록 할 수도 있고 부정적으로 받아들이도록 할 수도 있다. 어쨌든 인간은 하나님과의 만남의 상황에서 하나님께서 자신을 드러내시고 인간으로 하여금 가능한 자아로 나아가도록 격려하실 때 순종할 줄 알아야 한다. 그렇게 되면 인간은 부정적으로 되어가는 자아가 아니라 하나님 안에서 긍정적으로 되어가는(affirmatively becoming) 자아의 변화를 경험하게 된다.

　하나님께서 인간에게 자신을 드러내신 사건의 핵심은 아무래도 예수 그리스도이다. 하나님께서는 인간의 자연, 인간의 역사, 인간의 본성 등을 통해 자기를 충분히 나타내신다. 그러나 쉐릴이 보기에 가장 중요한 계시, 하나님 계시의 절정은 예수 그리스도이다. 인간은 이 땅에 오시고 십자가를 지심으로 인간 실존의 모든 것을 품에 안으신 예수 그리스도를 대면하면서, 그리고 그 예수 그리스도의 십자가 사랑 가운데 드러나신 하나님과의 인격적인 만남을 통해 자기 실존의 현실과 미래의 변화 방향에 대해 인지할 수 있다. 그런데 인간이 하나님 계시의 절정으로서 예수님을 만나게 되는 사건에는 중요한 응대 자세가 전제된다. 바로 회개이다. 회개는 우리 인간을 대면하시는 하나님 앞에 서서 하나님을 만나게 될 때 인생의 자세를 바꾸게 하시고 새로운 방향으로 변화하여 나아가도록 하시는 하나님 앞에 서서 보이는 우리의 의지이며 자세이다. 결국 인간은 하나님의 대면에 대하여 회개로 응대함으로서 자기 자신의 실존의 불안함을 떨치고 아픔을 이기며, 하나님과 및 다른 모든 세계 내 관계들과 화해하며 나아갈 수 있게 된다. 성경은 이렇게 하나님과의 관계 안에서 새로운 자아로 변화되는 과정을 거듭남이라고 말한다.

　쉐릴의 상호 관계와 만남의 신학 및 교육은 아무래도 교회 공동체를 전제로 하고 있다고 보아야 한다. 쉐릴은 먼저 교회 공동체가 보편적 교회(one catholic church)의 특징 즉, 각 시대와 개별 문화의 특징을 초월하는 하나님과의 관계상의 보편적 경험을 기초로 하는 것이 중요하다고 보았다. 교회는 기본적으로 자기 초월의 공동체라는 것이다. 결국 교회가 벌이는 모든 교제와 나눔, 참여와 의사소통 등은 하나님의 십자가 사랑을 통한 자기 계시를 기반으로 하는 공동의 경험을 기반으로 한다. 그래서 기독교 신앙 공동체는 "개인 대 개인이든, 전체 대 개인이든 혹은 개인 대 전체 든 거기에 하나님이 계시고 기독교 공동체 속에 있는 모든 관계에는 하나님이 참여하고 있다." 쉐릴의 기독교 공동체의 자기초월적 측면 강조는 다분히 전통 수호적인 측면을 갖고 있다. 그런데 그것이 전부가 아니다. 쉐릴은 정 반대의 위치에 선 교회의 모습에 대해서도 언급한다. 교회를 개별적 개인들의 관계적 공동체로 보는 것이다. 교회는 한 편으로 하나님과의 관계라는 공동의 관심과 경험을 기반으로 하는 공동체이기도 하지만, 다른 한편으로는 개개인의 실존적 관심 그리고 그 관심으로부터 솟아오르는 종교와 신앙에 대한 개별적, 현실적 질문들의 상호 얽힌 관계이기도 하다. 어찌되었든 교회는 인간의 도시 한복판에 서서 하나님의 도시를 지향하는 곳이다. 어찌 보면 이 두 측면은 서로 반대되는 입장으로 보인다. 한편으로는 교회가 인간 개별의 욕구를 발현하는 곳이라고 보는 반면 다른 한편으로는 교회가 하나님과의 공동의 경험을 숭고하게 여기고 그것에 집중하는 곳이라고 말하기 때문이다.

쉐릴은 여기서 교회에 대한 중요한 정의를 가져온다. 즉, 교회란 인간의 개별적 욕구들을 하나님을 향한 궁극의 공동 욕구로 변화하여 승화하도록 이끄는 장소요 공동체라는 것이다. 쉐릴에 의하면 인간은 각자의 자기 실존에 근거하여 개별적인 욕구와 의지를 갖고 있다. 그러나 그가 진정 악마적인(demonic) 것이 아닌 이상 그의 욕구와 개별 의지를 하나님 공동체의 예배와 예전 가운데로 가져오고 그 가운데서 대면하시는 하나님을 만나게 되면 그 모든 욕구는 결국 하나님을 향한 욕구로 변화하게 된다. 그렇게 해서 인간은 자기의 개별 욕구를 가지고 교회 공동체 가운데서 하나님을 만나고 변화하는 자아를 경험하게 되는 것이다.

쉐릴이 말하는 만남으로서 교회 사역과 교육은 결국 인간 개별의 실존적 욕구와 의지가 하나님의 교회 공동체 가운데 어떻게 수용되어야 하는지, 더불어 하나님의 계시를 통한 인간 대면은 교회 공동체 안에서 어떻게 인간의 개별 욕구들 앞에 폭로되어야 하는지를 잘 밝히고 있다. 쉐릴의 만남의 교육과 사역은 교회 공동체가 하나님과의 관계라는 중요한 화두를 어떻게 사역적으로 다루어야 하는지에 대해서 길을 열어주고 있다. 첫째, 교회 공동체는 인간의 개별 실존의 욕구들이 인간 실존의 자아 영역 안에서만 머물러 있지 않도록 하는 교회적 관심과 사역에 집중해야 한다. 교회는 이를 위해 인간 실존의 개별 욕구들이 교회의 예배와 설교, 교육, 교제와 봉사 및 선교적 사역들에서 하나님의 교회 공동체의 공동 경험으로 승화되도록 이끌 수 있어야 한다. 둘째 교회 공동체는 인간의 개별 실존의 자아들이 각자의 욕구들 가운데서 자기를 드러내시는 하나님 즉, 예수 그리스도의 대면을 경험하도록 해야 한다. 인간의 개별 실존의 자아들은 예수 그리스도의 십자가 앞에서 그리고 부활 앞에서 자기의 불안과 고독, 불완전함의 모든 현실들이 극복될 수 있음과 실질적으로 극복되고 있음을 경험할 수 있도록 이끌어야 한다. 그 극복과 변화의 경험들은 물론 목회적으로 그리고 사역적으로 정련된 일련의 사역의 방식과 틀 안에서 발생되어야 한다. 이것은 정서적 관계들에 관한 정리 후에 4장에서 본격적으로 다루어 보도록 하겠다.

로널드 리처드슨의 정서적 관계로서 교회

교회에는 만남과 관계의 실재(reality)가 존재한다. 교회는 하나님과 인간 사이 관계에서 발생하는 구원을 향한 나눔의 전형을 기반으로 하여 다양한 관계의 복합적인 나눔이 발생하는 공간이다. 따라서 교회는 목회자와 평신도의 단순한 관계로만 연결되어 있지 않다. 교회에는 목회자와 평신도, 목회자와 목회자, 평신도와 평신도 혹은 평신도와 목회자라는 역관계도 존재한다. 이런 식의 관계의 일반적 범주를 넘어서, 목회자와 평신도 사이에는 다양한 차원의 기능적이고 목양적인 관계가 발생한다. 목회자와 목회자, 평신도와 평신도 사이 혹은 평신도와 목회자 사이에도 마찬가지이다. 그 모든 관계들은 관계의 주체로서 개개인들의 다양함만큼이나 다양한 관계가 형성된다. 또 그들의 관계가 형성되는 의도와 목적, 내용과 기능 등의 주어진 현실(situation)에 근거하여 더욱 복잡한 관계 양상이 나타난다.

로널드 리처드슨(Ronald Richardson)은 교회가 생각보다 복잡하며 미묘한 관계들로 얽혀 있다는 것을 말한다. 리처드슨은 인간의 삶이라는 것이 기본적으로 홀로 이루어질 수 없다고 전제하고 인간이 함께 살아가는 조직이나 공동체 내에서 생각보가 복잡하게 서로 얽인 관계로 연결되어 있다고 말한다. 리처드슨은 소위 체계이론(system theory)이라는 것을 가지고 이런 관계 양상을 설명한다. 그가 말하는 핵심은 한 마디로 관계가 상호적(reciprocal)이라는 것이다. 공동체 내의 어떤 관계이든 일방적일 수는 없다. 공동체 내의 모든 관계는 서로 주체적으로 주고받는 차원에서 서로 연결되고 얽혀 있게 된다. 그리고 각각의 관계 주체들이 갖고 있는 개별적 삶의 다양한 차원들과 경험들, 배경들이 서로에게 직간접적으로 영향을 끼치게 된다고 보고 있다. 결국 공동체의 관계라는 것은 관계 주체들의 상호간 나누는 것들과 영향 받는 것들 그리고 그렇게 해서 형성되는 관계의 패턴에 의해 진보하거나 퇴보하는 일들이 발생하게 되는 것이다.

그런데 리처드슨은 관계의 진보와 퇴보 혹은 정체라는 것이 상호간 주고받는 관계 내용의 양 보다는 질에 의해 좌우될 때가 많다는 것에 관심을 갖기 시작했다. 공동체와 조직의 관계 나눔이라는 것은 눈에 보이는 나눔의 양적인 교류로만 평가하기 어려운, 말하자면 정서적 교류 관계의 질에 영향을 받는 다는 것이다. 이런 일들은 교회 신앙 공동체 내에서 많이 발생하는데 리처드슨은 이런 관계적 상황을 정서 체계라고 말하고 있다.

리처드슨에 의하면 교회의 인간관계는 움직이는 모빌(mobil)처럼 어느 한쪽에 과도하게 편중될 때 언제라도 균형을 잃고 흔들리게 된다고 보았다. 리더로서 목회자의 영향이 교회 내 어느 관계에서 과도하게 발생할 경우 그 관계는 모빌의 양단처럼 작용과 반작용의 상대적인 흔들림, 나아가 전체 모빌 전체로서 교회 공동체가 심하게 요동

치는 현상이 나타난다. 결국 중요한 것은 정서체계상 관계의 흔들림의 원인과 현상에 대해 교회 공동체가 잘 파악하고 그것들을 어떻게 대처해야하는지에 대해 원리적으로 접근하는 문제이다.

리처드슨은 교회 내에서 발생하는 관계 문제의 요체를 정서적 관계의 흔들림이라고 보았다. 그리고 그 흔들림의 근본적인 문제를 불안이라고 보았다. 리처드슨은 관계의 불안이라는 것이 가족심리나 집단 심리에서 보통 물리적 격리를 경험하는 것에서 기인한다고 보았다. 태어난 지 얼마 안 된 영아들의 경우 부모 특히 엄마와 눈을 맞추는 일이 중요한데, 성장하는 가운데 이렇게 눈을 맞추는 기회가 줄어들게 되면서 아이들은 불안감을 느끼게 된다고 한다. 이런 식의 불안감은 때로 부모 특히 엄마가 완전히 시야에서 사라지게 되는 경우 굉장한 충격으로 다가오게 된다. 자신이 유기되었다고(abandoned) 생각하는 것이다. 엄마와 아이가 아기 놀이방이나 유치원에 가게 되었을 때 이런 경험이 나타나는데, 이 경우 아이들은 친구들과 놀이와 학습을 하는 내내 끊임없이 주위를 돌아보면서 엄마의 존재를 확인한다. 이때 눈으로 엄마의 존재가 확인되고 엄마와 시각 및 신체적인 접촉을 하게 되면 아이는 순간 안정감을 찾게 되지만, 찾지 못할 경우에는 안정감을 잃고 불안감을 갖게 된다. 이런 것을 일반적으로 분리불안(separation-anxiety)이라고 말한다.

그런데 리처드슨이 초점을 맞추는 것은 불안을 촉발하는 유기적 분리 자체가 아니었다. 리처드슨은 사람이 성장하면서 이런 식의 불안에 익숙해진다는 것에 관심을 갖는다. 그리고 불안에 대한 익숙함은 분리되어 얻는 불안을 감당할만한 건강한 자기의식을 통해 가능하다고 보았다. 건강한 자의식이란 존재적 안정감의 기반으로서 부모와 일정한 거리를 두고 있더라도 자기 존재는 안전하다는 것을 경험하게 되면서 자연스레 자기 존재의 안정감을 자기 자신 안에서 발견하기 시작하는 것을 통해 얻어진다. 리처드슨은 이렇게 말한다. "아이가 청년으로 성장하게 될 때면 스스로 자기 나름의 방식을 가지고 세상을 살아가는 데 필요한 정서적 자원들을 구비할 수 있게 된다. 성인으로서 안전감을 가지고 스스로 자기 자신을 지탱하게 되면서 불안하지 않을 수 있다. 그러나 이러한 정상적 발달 과정이 어떤 이유들로 말미암아 방해를 받게 되면 성인이 되어 높은 수준의 만성적 불안감을 갖게 되고 매우 일상적인 사건들이나 관계 현상들만으로도 쉽게 위협을 느끼게 된다."

리처드슨에 의하면 존재 불안 극복은 결국 성인으로서 공동체와 조직 가운데 살아가는 삶의 정서적 방식을 결정짓는 중요한 기반이 된다고 한다. 즉, 스스로 혹은 여러 사람들과의 관계 속에서 확보하는 성인다운 존재적 안정감을 가진 사람들이 그렇지 못한 사람들보다 관계의 정서적 불안 극복에서 훨씬 월등한 기재와 기술을 갖고 있다는 것이다. 일단 집단 심리나 가족심리치료 분야에서 관계 불안의 문제 원인은 보통 내담자가 경험한 원 가족(family origin) 상황에 대한 상담으로 밝혀진다. 상담을 통해 내담자는 작금의 공동체적 삶에서 경험하는 거의 모든 종류의 불안의 원인을 얻을 수 있다. 문제는 상담의 결과 밝혀진 불안의 원인 즉, 내담자 개인의 과거사에서 얻은 경험 정보와 그로인한 현재의 무의식적 행동전개 패턴 파악이 향후 치료와 꼭 직결되지 않는다는 것이다. 중요한 것은 공동체가 내담자 혹은 한 개인이 공동체 내에서 경험하는 불안의 요인들 앞에서 어떻게 행동하도록 안내할 것인지에 관한 것이어야 한다. 일단 공동체는 내담자가 이미 경험한 원가족의 분리불안 문제를 이해하기는 하되 모두 끌어안을 수는 없다.

공동체 특히 교회와 같은 공동체는 불안과 그 불안의 원인을 넘어서 건강한 관계로 나아가도록 하는 첩경이어야 한다. 공동체는 오히려 정서적 불안을 보이는 이들의 '불안 수준(anxiety level)'을 가라앉히는 방식에 익숙해야 한다. 특히 교회 공동체는 교회 내에서 발생하는 정서적 불안 문제를 공동체의 관계 안에서 차분해지도록 해주어야 한다. 그 대상으로 하여금 공동체 내에서 존재적으로 밀착하여 있으며 존재적 불안감을 느낄 필요가 없음을 일깨워주는 것이다. 그리고 나서 불안을 경험하는 관계에 대하여 담대하게 진전된 관계, 향상된 관계로 나아가도록 격려해야 한다. 그렇게 해서 현재 경험하는 불안함을 극복하고 보다 안정적으로 관계적 산물들이 발생하는 단계로 나아가도록 인도해야 한다.

리처드슨은 교회의 건강한 관계의 자리로 나아가는 길을 크게 두 가지로 구분한다. 첫째는 각각의 '개별성(individuality)'과 '연합성(togetherness)'을 균형 있게 확보하는 것이다. 교회는 관계하는 공동체로서 모이게 하는 힘과 흩어지게 하는 힘 사이에서 적절한 균형감을 가져야 한다. 교회가 만일 하나 되게 하는 일 즉, '우리'로서 일치하게 하는 힘을 잃는다면 결국 관계의 안정적 지향 포인트를 상실하는 결과를 얻게 될 것이다. 교회 공동체는 특별히 공동의 신앙고백과 공동의 신앙 유산 및 비전을 공유하는 면에서 연합성을 갖는다. 반대로 공동체는 그 구성원 각 개인의 개별성을 인정하고 그 개별성 확보 역시 공동체의 건강한 성장에 중요한 요인이라는 사실을 알아야 한다. 따라서 교회는 다소간 교회의 연합성에 저해요소가 되는 한이 있더라도 각 개별자들의 개성을 존중하고 각 개별자들이 공동체가 지원하고 격려하는 가운데 개별로 성장할 수 있도록 해야 한다. 꽃은 꽃잎들이 하나로 묶여 꽃이라고 불리지만, 각 꽃잎은 각각의 개별성으로 분리되어 존재할 때 꽃잎으로서의 아름다움을 갖게 되는 것이다. 중요한 것은 정서적으로 안정된 관계를 이루는 공동체일수록 개별성과 연합성이 서로 분리되어 있지 않고 건강하게 균형을 이룬다는 것이다. 교회는 결국 하나님에 대한 신앙에 근거한 연합성과 그 연합성에 근거한 개별화가 건전하게 발생하도록 해야 한다. 그렇게 될 때 교회의 관계는 더욱 건강해 지는 것이다.

교회의 건강한 관계를 위한 길의 두 번째는 '근접성'과 '거리감'을 잘 살피는 것이다. 건강한 공동체는 공동체 구성원 사이에 적절한 거리감 유지를 중요하게 여긴다. 가족들이 가장 대표적인 경우이다. 인류의 보편 역사에 비추어 가족은 가장 가까운 관계 구성원들의 공동체이다. 가족은 혈연으로 맺어져 있어서 세상 무엇보다 친근하다. 그래서 같은 이유로 서로의 영역을 빈번하게 침범한다. 그러나 전문가들은 건강한 가족관계일수록 서로에 대한 영역 존중이 중요하다고 언급한다. 건강한 가족일수록 근접해야 하는 것과 거리감을 갖는 것 사이의 건전한 위치를 추구한다는 것이다. 공동체도 마찬가지이다. 건강한 공동체일수록 유기(abandonment)와 함몰(engulfment) 사이에서 건강한 정서적 평안 지대(affectively comfort zone)를 찾는다. 이 정서적 평안 지대는 각 관계들 사이에서 독특한 위치를 갖는다. 말하자면, 같은 공동체 내에서라도 A와 B 사이의 건강한 정서적 평안지대와 B와 C사이의 건강한 정서적 평안 지대는 다를 수 있다. A와 B

사이에서는 서로 근접하여 관계가 형성될 때 정서적으로 안정된 관계가 이루어질 수 있는 반면 B와 C 사이에서는 서로 보다 안정적인 거리감을 갖고 관계를 가질 때 안정적인 관계가 이루어질 수 있는 것이다.

리처드슨은 이제 개별과 융합 등의 교회 공동체 존재 방식이라는 수평축과 더불어 정서적 관계로서 근접성과 거리성을 통해서 교회 공동체의 관계 유형을 수직축으로 하여 교회의 건강한 관계 정립 방식을 살핀다. 먼저 융합을 추구하는 분위기에서 동시에 정서적 근접성도 강조되는 관계에서는 밀착형 관계가 형성된다. 반대로 정서적 근접성이 강조되면서도 개별을 더 추구하는 분위기에서는 느슨한 연결형의 관계가 형성된다. 다른 한편에서 융합을 추구하는 분위기 교회에서 거리성을 두는 관계라면 하나된 공동체임에도 고립형 관계가 형성될 것이다. 그리고 마지막으로 정서적으로 거리감을 두면서 동시에 개별을 추구하는 관계라면 공동체와 상관없는 단독형의 관계가 형성될 것이다. 결국 이 두 가지 축은 '밀착형'과 '연결형', '고립형'과 '단독형' 등의 네 가지 관계 유형을 발생하게 된다. 리처드슨은 교회 안에서 이 네 가지 관계 유형이 시간에 따라 다른 모습으로 나타나게 된다고 보고, 지도자들이 그 변화하는 추이를 보면서 보다 안정된 정서적 분위기 즉, 정서적 평안지대를 형성하도록 하는 것이 중요하다고 보았다.

리처드슨의 접근에서 중요한 것은 교회 공동체가 현재 추구하는 비전과 목적에 비추어 융합과 개별, 혹은 근접과 거리 가운데 어떤 부분에 위치해 있는가와, 나아가 앞으로는 어떤 위치에 더 비중을 두어야 하는지를 살피는 일이다. 가장 먼저 중요한 것은 교회 공동체가 이루는 현재적 관계의 경향성에 비추어 건강한 정서적 평안지대를 찾아가도록 안내하는 것이다.

이런 차원에서 폴 틸리히나 루이스 쉐릴이 말하는 하나님과의 관계 형성과 그것에 기반한 교회 공동체 구축의 신학적 논의는 리처드슨의 현장 중심 심리적 접근법과 매우 합일된 관계적 교회의 전망을 제안할 수 있게 된다. 즉, 폴 틸리히가 말하는 바와 같이 인간과 하나님의 만남의 장으로서 교회가 중요한 것이라면 그 교회 안에서 발생하는 하나님과 인간의 만남은 곧 인간과 인간 사이 만남 즉, 관계 형성에 중대한 영향을 끼치게 된다. 하나님을 중심으로 하는 만남이 강조될 경우 교회는 융합과 일치를 더욱 강조하게 될 것이다. 반면, 인간을 중심으로 하는 하나님의 오심 즉, 하나님의 실존으로의 임재를 통한 만남이 강조될 경우 교회는 개별화와 분화를 더욱 강조하게 될 것이다. 어느 시대에 현존하는 교회는 결국 이 둘 사이에서 교회의 비전과 사명을 결정하게 된다. 그리고 교회의 하나님 중심 혹은 인간

중심 만남의 비전과 목적 및 사명 결정은 그 공동체의 시공간 사이에서 발생하는 모든 종류의 관계 형성이 어떤 곳에 그 정서적 평안지대를 형성해야 하는지를 살필 수 있도록 안내한다.

교회는 하나님과 인간의 만남을 통한 인간의 구원 및 성장과 성숙을 지향하는 공간이어야 한다. 교회는 이 모든 일들이 교회가 꾸미는 그리스도 복음 중심의 모든 프로그램들에서 발생할 수 있도록 한다. 그것이 예배와 설교든, 그것이 교육이든, 그것이 교제든, 봉사든 그리고 선교이든 그 모든 종류의 교회 사역 안에서 그 사역으로 들어오는 인간들은 모두 하나님을 경험해야 한다. 그리고 하나님과 인간 사이 만남을 경험하게 되는 일들이 전통적 하나님 개념을 습득하게 되는 일치와 융합 지향인지, 아니면 만남의 결과로 발생하는 모든 종류의 인간 실존 변화의 개별적 분화지향인지는 교회의 현재 형성하는 관계 추이에 달린 것이다. 그 비전과 목적하는 바 지향점 결정은 하나님의 뜻에 근거한 교회의 미래 지향 결단이다. 그렇게 해서 교회는 전통적이며 교리적인 혹은 신학적인 하나님을 경험하는 만남을 추구하는 교회이어야 할지, 아니면 인간 문화 창달을 권장하고 격려하는 교회이어야 할지의 방향 설정이 이루어지게 된다.

결국 교회 내 목회자와 평신도, 목회자와 목회자 혹은 평신도와 평신도의 관계는 이 기본 설정 비전에 근거하게 된다. 교회의 리더들은 설정된 비전에 따라서 각각의 관계가 만들어내는 정서적 불안감의 정도를 살필 줄 알아야 한다. 리처드슨이 바라본 관계 시스템으로서 교회는 바로 이런 것이다. 교회는 원래 교회됨의 신학적 비전에 근거하여 정서적 관계 현황을 면밀하게 살필 줄 아는 일종의 전문화된 리더십 체계를 갖추어야 한다. 이제 교회의 정서 체계를 살피는 일을 중심으로 교회의 리더십 과제들을 살펴보고자 한다.

목회 리더십과 교회의 관계

목회는 관계 리더십이다. 교회 공동체가 추구하는 사역은 일반적으로 목회적 리더십에 의해 주도된다. 문제는 교회 공동체 목회리더십의 형태이다. 목회 리더십은 일반적으로 두 가지 경향을 띠게 된다. 관계 지향적 목회 리더십(relation oriented pastoral leadership)과 목적 지향적 목회 리더십(purpose oriented pastoral leadership)이다. 주지하다시피 목적 지향적 목회 리더십은 이루고자 하는 것, 하고자 하는 것 그리고 계획한 것에 초점을 맞추는 목회 리더십이다. 이런 목회 리더십이 중심이 되는 교회는 당연히 공동체 구성원 모두를 일 중심으로 엮어둔다. 목적 지향적 목회자는 교회 내 모든 구성원들이 과업과 역할, 기능을 가져야 한다고 보는 경향이 강하다. 반대로 관계 지향적 목회 리더십은 일보다는 관계 자체를 중요하게 여긴다. 만나고 서로 나누며 서로 유대감을 굳건하게 형성하는 것 자체가 중요한 것이다. 관계 지향적 목회자들의 교회는 당연히 일과 목적, 비전보다는 서로 만나 교제하는 일과 서로를 알아가는 것을 더욱 중요하게 여긴다.

사실 '목회는 관계'라는 전제로 이 책을 읽어 내려가다 보면 목적 지향적 리더십 보다는 관계 지향적 리더십이 더 가치 있는 것으로 보이게 된다. 그러나 사실은 그렇지 않다. 관계적 목회는 목적 지향과 관계 지향이 서로 적절하게 조화를 이루는 것이다. 지나치게 목적지향적인 것이 좋지 않듯, 지나치게 관계 지향적인 것도 옳지 않다는 것이다. 목적 지향과 관계 지향은 공동체 내에서 서로를 견제하면서도 서로를 보충하는 상보적 역할을 가져야 한다. 그렇게 할 때 공동체는 보다 건강한 공동체로 나아가게 된다.

성경은 이 두 가지 성향 사이에서 건강한 길을 모색한다. 예수님께서는 제자들에게 "나를 따르라"고 하셨다(마 8;34). 예수님께서 따르라 하신 길은 목적이 분명한 것이다. 예수님께서는 당신의 유희를 향한, 혹은 어떤 사적인 욕심을 향한 길을 따르라고 하지 않으셨다. 예수님께서는 오직 당신이 지고 가실 십자가를 향한 길을 따르라고 하셨다. 예수님의 십자가는 예수님을 따르기로 결심한 모든 제자들이 목적과 과제로 삼아야 하는 것이며, 제자들은 그 십자가를 지는 일에 익숙해야 하고, 능숙해야 하며 무엇보다 신실해야 한다. 예수님께서는 꾸준히 제자들에게 그것을 가르치셨다. 예수님은 제자들이 당신과 함께 공동체 생활을 하는 가운데 다른 무엇보다 십자가 지는 일에 익숙해지기를 바라셨다. 예수님은 이런 면에서 당신의 설정된 목적을 향하여 부지런히 나아갈 줄 아시는 분이셨으며, 그래서 제자들에게 언제나 목적지향적인 분이셨다.

    그런데 예수님께서는 언제나 "나를 따르라"고만 하지 않으셨다. 예수님께서는 제자들의 현재 상태를 살피시고 그 상태를 고려하신 가운데 제자들과 "함께 하리라"고도 말씀하셨다(계 3:20). 예수님께서는 제자들을 돌아보셨다. 예수님께서는 제자들의 연약함을 아시고 그들을 돌보는 일에도 깊은 관심을 가지셨다. 그들이 육신의 한계를 보이고 나약함을 보일 때면, 그래서 당신의 십자가의 길을 향한 동행에 함께 하지 못할 때면 안타까워 하기는 하셨으나 그렇다고 제자들을 버리지는 않으셨다. 갈릴리 바닷가에서 베드로에게 하신 것처럼 예수님께서는 제자들과 보조를 맞추시고, 그들의 필요를 채우시며, 그들과 동행하셨다. 예수님은 이런 면에서 목적 지향적이지만은 않으셨다. 예수님은 관계 지향적이셨다. 제자들과 동행하며, 제자들과 나누고 제자들과 함께 하는 일을 중요하게 여기신 것이다. 성경에서 한 가지 분명한 것은 하나님에게도, 예수님에게도, 그리고 성령님에게도 목적과 관계는 늘 동전의 양면과 같은 것이라는 사실이다. 하나님 나라를 향한 굳건하여 흔들림 없는 신적 행보에는 언제나 동반하여 함께 하시고자 하는 자비로움도 함께 했다.

교회의 목회도 마찬가지다. 목회적 리더십은 기본적으로 교회의 비전과 목적을 분명하게 하는 식이어야 한다. 동시에 목회적 리더십은 교회 공동체가 식탁을 나누는 공동체임을 주지하여 관계를 중요하게 여길 줄도 알아야 한다. 그렇게 해서 교회의 목회적 리더십은 목적과 관계 사이 적절한 좌표를 설정하는 것이다. 오늘의 목회가 목적하는 바를 성취하는 것과 관계를 바르게 하는 것 사이 어디에 위치해야 하는가를 바르게 하는 것은 하나님의 일로서 목회를 바르게 하는 중요한 설정이다.

목적과 관계 사이 위치를 설정하는 일은 아무래도 공동체와 개인, 개인과 개인 사이에 존재하는 심리적 거리감을 주지하는 것에서 출발해야 한다. 심리적 거리감(psychological distance)이란 어떤 현상이나 상황에 대하여 각자가 느끼는 것의 차이를 말한다. 가정과 같은 준거 집단은 주어진 현상에 대한 각 구성원의 심리적 차이가 클 수 있는 대표적인 곳이다. 교회도 마찬가지이다. 정서적인 교류가 민감하고 빈번한 교회는 이런 식의 심리적 차이가 쉽게 나타나고 크게 나타난다. 목회는 결국 이 심리적 거리감과 그 거리감으로 인하여 교회 내 관계들이 드러내는 불안을 살피는 가운데 목회적, 교회적 비전과 목적을 성취하는 길을 찾아야 한다. 교회내의 심리적 거리감은 단지 목회자와 평신도 사이에만 발생하지 않는다. 그 심리적 거리감은 목회자와 목회자, 평신도와 평신도 사이에도 얼마든지 있을 수 있는 차이이다. 문제는 거리감에 있는 것이 아니라 현존하는 거리감을 느끼지 못하는 것이다. 결국 교회의 목회자들과 리더십들에게 가장 중요한 것은 거리감이라는 것을 당연하게 받아들이고 그 거리감에서 발생하는 차이에 대해 객관적으로 해석할 줄 아는 능력이다.

교회 공동체의 구성원들이 교회의 목적하는 바에 일치된 마음과 생각을 갖고 있을 경우 이 심리적 거리감은 줄어들어 있을 것이다. 그래서 대부분의 목회자들이나 교회의 리더들은 교회 내 모든 구성원들이 일치된 생각을 갖도록 노력한다. 그러나 교회는 20세기 공산사회가 아니다. 교회 내에 생각의 차이나 느낌의 차이는 당연한 것으로 여겨져야 한다. 교회 안에서 만장일치를 이루는 것이 꼭 바람직한 일은 아닐 수 있다는 것이다. 목회자와 리더들은 오히려 그 차이를 건강하게 여기고 주어진 상황과 현상에 대해 교회 내 구성원들이 서로 다른 느낌과 서로 다른 생각을 갖고 있는 것의 의미를 찾아가야 한다. 교회 공동체 구성원들이 갖는 차이의 핵심은 아무래도 이 차이를 넘어서는 일치와 분화의 적정선을 마련하는 일일 것이다.

교회 공동체 목회적 리더들이 공동체 내 심리적 거리감과 차이를 넘어서는 대안을 추구하는 일에는 서로에 대한 신뢰감이 중요하다. 공자(公子)는 선신후행(先信後行)이라는 말을 남겼다. '믿음이 먼저'고 '일이 나중'이라는 말이다. 공자는 말하기를 윗사람이 아랫사람을 이끌어가려 하면 아랫사람과 신뢰를 먼저 가져야 한다고 했다. 이것은 아랫사람도 마찬가지이다. 아랫사람이 윗사람에게 충정어린 조언을 하려한다면 먼저 필요한 것은 신뢰관계이다. 예수님에게도 이런 관점은 분명했다. 예수님께서는 안식일이 사람을 위해 있는 것이지 사람이 안식일을 위해 있는 것이 아니라고 하셨다(막 2:27). 사람보다 일을 앞세우지 말라고 하신 것이다. 그 모든 일들은 사람을 바르게 하고 사람을 세우기 위한 것이다. 사람이 그 일을 위해 종속적으로 존재하지 말아야 것이다.

교회 역시 마찬가지이다. 교회가 조직이요 공동체인 이상 누군가는 일을 해야 하고 누군가는 그 일의 종말을 따져야 하는 것은 당연한 이치이다. 그러나 교회가 수행하는 그 모든 일의 결과적 목적이 사람을 살리고자 하는 것이라면 그 과정에서 사람이 시험 들고 죽어 나가도록 해서는 안 될 것이다. 사람을 살리고자 하는 일로서 교회의 사역은 결국 사람이 그리스도 안에서 서로 신뢰하는 가운데 태어나고 성장과정을 거치며 제자로서 결실을 맺도록 하는 것이어야 한다. 그래서 교회의 목회자들을 비롯한 리더십들은 다음의 몇 가지를 고려하여 보다 건강한 관계적인 교회 공동체가 되도록 애써야 한다.

먼저, 교회의 목회적 리더십들은 교회 공동체가 지향하는 비전과 목적과 방향 등을 교회가 역사 이래 가져온 오랜 전통에 근거하여 바르게 세워야 한다. 목적과 방향 없는 교회 공동체는 쉽게 길을 읽고 무너지게 된다. 교회는 이를 위해 교회가 하나님을 믿는 신앙 아래 수행해야 하는 일들에 대한 분명한 자기 정체성 기술(self identity description)을 가져야 한다. 그리고 공동체 구성원들로 하여금 먼저 그 기술된 자기 정체성에 대해 동의하도록 안내해야 한다.

둘째, 교회의 목회적 리더십들은 기술된 자기 정체성에 근거하여 수행하는 모든 교회의 실제 활동에 대하여 공동체 구성원들이 갖는 심리적 거리감을 살필 수 있어야 한다. 그리고 그 심리적 차이로 인하여 발생하는 정서적 차이가 현재 교회가 추구하는 목적과 비전 수행에 있어서 건강한 영향을 끼치는지 아니면 구성원들 사이에 불안감만을 일으키고 있는지를 살필 수 있어야 한다. 교회가 현재 추구하고 수행하는 다양한 차원의 사역의 현장에서 발생하는 구성원들 사이의 심리적 거리감을 정리해보고 기술하고 해석하는 일은 결국 교회의 비전이 관계적 맥락에서 보다 더 의미 있게 성취될 수 있도록 하는 길을 열게 할 것이다.

마지막으로, 교회의 목회 리더십들은 해석된 맥락의 정서, 심리적 거리감을 교회의 비전 성취를 위한 사역에 재위치 시킬 수 있도록 해야 한다. 그것은 틸리히나 쉐릴, 그리고 리처드슨의 제안처럼 하나님을 향한 일치 중심이어야 할지, 인간적인 분화를 지향하는 것이어야 할지의 양 축 사이 어딘가에 교회내의 관계들을 자리 잡는 것이다. 리처드슨이 말하는 것처럼, 밀착형 혹은 연결형, 고립형 혹은 단독형의 사분면(四分面)상에서 교회가 교회다울 수 있는 가장 안정적인 관계 위치를 정립하는 것이다. 그렇게 되면 현재 교회가 수행하는 목회적, 사역적 비전에 근거하여 보다 융합하여 교회를 운영해야할지 아니면 보다 분화된 채 교회 운영이 발생하도록 해야 할 지에 관하여 보다 관계적인 길이 열리게 된다.

4장
관계적 목회 사역의 실천

관계하는 자아: 십자가 중심의 공동 경험 정립

관계의 시작은 자기 자신이다. 관계의 시작은 관계의 대상으로서 타인을 마주 대하는 자기에 대한 인식이다. 자기 자신에 대한 독립적인 인식 없이 관계가 발생할 수는 없다. 관계하는 자기가 존재하지 않는 관계, 그래서 타자만 존재하는 관계는 관계라고 말할 수 있는 기본적인 조건을 갖추기 못한 것이다. 물론 여기서 자기라는 것은 망부석처럼 자기 내면 없이 그저 서 있는 존재를 말하는 것은 아니다. 자기를 관계의 출발지로 여기는 것은 주체적인 자아를 가진 것을 말한다. 주체적인 자아로서 자기 및 관계하는 대상을 마주하고 상대할 수 있는 능력을 의미하는 것이다.

관계하는 주체로서 자아는 혼자일 수 있고 여럿의 그룹일 수도 있다. 관계하는 자아의 범위는 개인일 수도 있고 하나 된 두 사람일 수도 있으며, 서너 사람 혹은 그 이상의 공동체일 수도 있고, 공동체로 인식이 가능한 조직이나 사회 혹은 국가 단위일 수도 있다. 자아가 이렇게 무한하게 확장할 수 있다는 것은 자아가 규모를 키울 수 있음을 말하는 것이 아니다. 자아는 오히려 자아가 상대해야 하는 대상에 따라 자아의 범위가 결정된다. 즉, 나 혹은 우리가 자아로서 결속하여 상대해야할 대상이 존재할 때, 그 자아는 개인으로서 혹은 여러 사람의 조직이나 사회, 혹은 국가나 글로벌 세계 등의 공동체일 수 있는 것이다.

자아를 한 개인의 개별적 자기의식 정도로 여기는 것은 개인 심리만을 살피려는 현대 심리학의 경향에서 생긴 것이다. 현대 심리학은 확실히 인간 심리를 개개인 고유의 것으로 제한하여 개별화한다. 그렇게 해서 자아의 심리적 상태라는 것은 각자만의 개별적인 내면 의식으로 제한하여 보게 되었다. 각 개인은 자기를 인식하는 문제와 관련하여 오직 자기만의 의식 바닥에 깔린 문제들에만 관심을 갖게 되었다. 문제는 자아를 한 개별 인간의 자기 의식과 그 활동으로만 보려는 경향이 결국 자아 정체성 형성의 원인과 현상 문제, 그리고 대안을 살피는 일에서 간과하는 것이 많다는 것이다. 즉, 한 개인의 자기 인식이라는 것이 내가 상대하는 대상과의 관계 속에서 개인 혹은 그룹이 형성한 자아로 보지 않고는 한계가 있다는 것이다. 그래서 개인의 자아는 그가 상대하는 대상과의 관계 상황에서 상대 주체로서 자아이다. 그것이 개인이든 그룹이든 사회든 공동의 주체로 서는 것이 바로 자아인 것이다.

인간이 집단으로 갖는 공동의 자아 개념은 신학적인 인간 이해의 중요한 전제가 된다. 인간은 하나님의 피조물인 동시에 부패하여 하나님과 멀어진 존재로서 그 불완전한 자아를 가지고 하나님과 인간 그리고 피조물을 상대한다. 창조와 타락의 신학적 사건 속에서 인간은 관계하는 대상으로서 하나님과 타인과 세계와 대면하여 자기 인식을 형성한다. 다시 말하지만 하나님과 대면하고 관계하려는 인간으로서 '나'는 독립적이고 개인적인 '나'일 수 없다. 창조자이시고 섭리하시는 분이시며, 구원자이신 하나님과 관계하려는 나는 피조물로서, 불순종한 죄인으로서 그래서 실존적인 고민을 늘 안고 살아가는 존재로서 자기에 대한 공통의 인식을 전제로 관계를 형성하는 것이다. 결국 인간이 공동으로 품고서 시간과 공간 그리고 역사 가운데서 함께 이어온 자기 인식은 인간의 실존적 자기 인식을 의미한다. 인간은 이 자기 인식 가운데 하나님과 인간, 그리고 피조물과 관계를 형성한다. 이런 식의 관계 개념은 교회가 각 구성원들 사이에서 발생하는 모든 종류의 관계에 관하여 설명을 가능하게 하는 중요한 전제다. 교회는 이 실존적 사실에 근거하여 관계의 출발지로서 자아에 대한 인식과 개념을 공동으로 갖는다. 교회 내 모든 구성원들의 관계는 피조된 인간, 구원의 필요성이 절박한 인간, 그래서 하나님 앞에 서게 되는 인간의 공통 경험과 인식에 근거한 것이다. 현대사회가 흩어버리듯 제안하는 개별적 자기 독특함으로서 자아 개념은 교회가 관계의 전제적 조건으로서 삼을 자아가 아니다. 그것은 부수적으로 고려할만한 사항일지언정 큰 전제일 수는 없는 것이다.

여기서 교회가 중요하게 여기는 공동 자아에 대한 이해가 하나 더 있다. 새로운 피조물 된 자아 개념이다. 칼 바르트나 에밀 부르너 혹은 폴 틸리히와 같은 신정통신학자들이 말한 것처럼 인간의 관계 가능성은 예수 그리스도에게 그 열쇠가 주어져 있다. 예수 그리스도의 십자가 희생은 인간 모든 단절된 관계의 건강한 회복 가능성을 열어준다. 누구든지 예수 그리스도 안에 있으면 새로운 피조물이 되어 이전의 불완전한 인간 삶이 온전한 인간 삶으로 나아갈 가능성이 열리게 되는 것이다. 물론 이런 식의 실존적 전환은 오직 예수 그리스도에 대한 신앙적 인식에 의해 가능하게 된다. 모든 인간이 불완전한 실존적 현실 속에 매여 있다는 사실을 깨닫는 것이 관계로 나아가는 가능성을 열어주는 자아 인식의 출발이라면 그 실존적 현실에서 만나게 되는 예수 그리스도에 대한 신학적 인식과 신앙은 건강하고 온전한 관계로 나아가게 되는 가능성의 길이 된다. 교회의 구성원들은 이런 식의 신학적 인식과 고백에 근거한 그리스도에 대한 신앙을 통해 회복된 자아, 회복된 공통의 자아 인식을 갖게 된다. 어떤 종류의 관계이든 그것을 건강한 관계로 이끌고 나아갈 힘을 얻게 되는 것이다.

이제 관계적 교회의 핵심은 예수님에 의해 형성된 새로운 피조물로서 자기 인식이다. 예수님의 십자가 사랑에 대한 신학적 인식과 신앙 고백으로 형성된 새로운 자아는 하나님과 인간을 포함하여 세상 모든 종류의 피조물들을 향한 건강한 관계의 자신감을 제공한다. 무엇보다 새로운 피조물로서 새로운 자기 인식을 갖게 된 구성원들은 교회 내에서 형성하는 모든 종류의 관계를 예수 그리스도의 십자가 사랑에 기준하고 하나님 나라의 구원 비전에 근거하여 형성한다. 그래서 이 '새로운 자아(a new self)'는 도래할 하나님 나라에 대한 비전을 함께하는 사람들의 공유하는 자아가 된다. 그 나라를 향하여 더불어 나아가는 십자가 신앙의 행진이 교회 공동체 구성원들이 공유하는 경험이라는 것을 잘 아는 자아가 된다. 하나님의 뜻에 순종하는 가운데 겸손과 희생, 헌신과 봉사를 통해 하나님의 뜻을 이루는 십자가 신앙 말이다.

교회의 관계는 십자가를 통해 주어진 하나님의 은혜로 말미암아 새로운 피조물이 되었다는 사실을 공유하는 공동체적 자아 관계이다. 결론적으로 교회의 관계는 두 가지 전제를 서로 공유한다. 먼저는 공동체 구성원들 모두가 이전에 죄인으로서 인간, 불안전한 실존적 자아를 경험한 사람들이라는 인식이다. 교회의 구성원들은 그들 모두가 이전에 죄인들이었음에 대한 공통의 과거 경험을 가진 사람들이다. 공동체 구성원 모두는 불완전한 실존적 현실을 갖고 있었으며, 그로인하여 고통 받은 사람들이다. 그 고통은 자기를 괴롭혔고 불완전한 자아, 왜곡된 자아의식을 갖도록 만든 원인이 되었다. 그뿐 아니다. 불안한 자아 인식은 언제나 타인이나 피조물들과의 관계를 흔들었고 어렵게 만들었다. 그 때문에 그들은 의식적으로 혹은 무의식적으로, 그리고 구조적으로 관계상의 죄를 지으며 살아온 사람들이다. 불완전한 자아 현실은 어느 한 개인에게만 혹은 특정 부류의 사람들에게만 편중된 것이 아니었다. 이 불완전한 자아 현실은 교회 구성원 모두에게 하나도 빠짐없이 작용하는 현실이었음을 고백한다.

 교회구성원들이 건강한 관계를 위해 두 번째로 공유하는 것은 십자가 은혜에 대한 인식이다. 교회 구성원들은 모두 예수 그리스도의 십자가 사랑으로 옛날 불완전한 자아 현실로부터 나아와 완전히 새로운 종류의 자아를 갖게 되었으며, 그를 통하여 전혀 새로운 형태의 삶을 시작했다는 공통 경험을 가진 사람들이다. 예수님께서는 그들 모두에게 십자가 사랑을 베푸셨다. 어느 특정한 한 사람이나 그룹에게만 베푸신 은혜가 아니다. 그것은 모든 이들을 향한 은혜였다. 그 은혜를 체험하고 그 은혜가 갖는 능력을 사람들은 자기 공덕을 앞세울 수 없다. 십자가 사랑과 구원의 행위 앞에 자신은 아무것도 한 것이 없기 때문이다. '아무 공로 없이 구원함을 얻은' 경험이 바로 십자가 은혜를 얻은 이들의 공통의 경험인 것이다.

결국 이 두 가지 공통 경험 속에서 교회의 구성원들은 서로를 향하여 온전한 관계를 형성할 수 있게 된다. 교회 구성원들이 구원의 은혜 아래 형성하는 관계는 그래서 자기중심적이기 보다는 십자가 중심적이다. 갈라디아서 2장 20절의 고백과 같이 "이제 내가 산 것이 아니요 오직 예수께서 사신 것"이라는 자기 초월의 공감대가 바로 관계의 출발지가 된다.

결국 교회의 관계에서 리더 역할을 수행하는 목회자들 역시 그리스도 안에서 새로운 피조물로서 자아를 바르게 알아야 한다. 목회자는 누구보다 앞서서 불안한 자아를 가지고 살았던 사람이었음을 고백해야 한다. 목회자 스스로 누구보다 더 불안한 자아 실존의 경험을 살았음을 고백할 줄 알아야 한다. 목회자의 불안한 실존 경험은 사실 누구보다 분명해야 한다. 그 불안한 삶의 경험이 극명하게 나타날수록, 그래서 스스로 경험한 불안함이 얼마나 인간 실존을 위협했는지에 대해 분명하게 이야기할 수 있을수록 그리스도 예수의 십자가 은혜에 대한 경험의 명암 역시 분명해 진다. 불안한 자아의 실존적 경험이 극명해야 임재하신 하나님의 사랑, 예수 그리스도의 십자가 은혜 경험을 보다 분명하게 갖게 되는 것이다. 목회자의 불안한 실존 경험과 십자가 경험의 분명한 기억은 교회 공동체가 보다 건강한 관계 공동체로 나아갈 수 있는 지름길이다. 목회자의 건강한 자아 회복과 구원의 경험은 교회 구성원들이 온전한 자기 자아 찾기 과정에 귀중한 모범이 될 것이기 때문이다. 목회자는 그래서 교회 구성원들의 자기 실존에 대한 고백과 그리스도 십자가로 인한 구원의 경험의 충실한 안내자일 수 있다. 목회자가 이렇게 충실한 안내자 역할을 다하게 될 때 교회는 건강한 관계 공동체로서 안정적으로 열게 된다.

교회의 영적 리더로서 목회자의 경험은 결국 교회의 모든 구성원들이 불안한 실존적 현실 경험의 공감대를 갖게 하는 중요한 기반이 될 것이다. 그 뿐이 아니다. 목회자의 모범이 되는 영적 경험은 교회 모든 구성원들이 겸손한 가운데 예수 그리스도 십자가 사랑을 경험하고 건강한 관계를 위한 공동의 자아 찾기를 가능하게 한다.

관계적 목회 사역은 교회의 건강한 관계 증진을 위한 공동의 자아 찾기 과정이다. 교회가 공동의 자아 찾기 여정을 충실하게 해 나갈 때 그 여정은 교회 안에서 발생하는 모든 건강하고 온전한 관계의 출발지가 된다. 여기서 한 가지, 목회 리더가 유념할 영적인 부분이 있다. 건강하고 온전한 관계 공동체를 지향하는 목회 사역은 결국 삼위 하나님의 관계 확장의 연장선에 서 있음을 바르게 아는 일이다. 그리스도의 십자가로 이루는 인간의 온전한 자아 회복은 종국에 삼위 하나님의 관계 공동체에 참여하는 일이다. 삼위 하나님은 태초에 천지를 창조하시면서 인간을 지으실 때, 인간에게 '하나님의 형상(image of God)'을 부여하셨다. 인간은 이로서 그 지음 받은 순간부터 하나님과의 존재적인 관계 나눔의 가능성을 갖게 되었다. 그런데 이 관계 나눔은 인간의 불순종과 죄 때문에 어느 순간 가능성을 상실하고 말았다. 예수 그리스도의 십자가는 이 관계 회복의 길을 여는 것이다. 예수 그리스도의 십자가 안에서 자아를 회복하는 일은 궁극적으로 삼위 하나님과의 사랑으로 온전한 관계를 회복하는 일이 되는 것이다. 교회의 목회 리더는 항상 하나님의 뜻과 도우심 가운데 공동체 가운데 건강한 공동 자아를 회복하는 일과 그를 통하여 삼위 하나님과의 온전한 관계를 회복하는 일을 명심해야 한다. 그래서 삼위 하나님과의 관계 회복을 지향하며 교회 공동체를 건강한 관계 나눔의 장으로 만들어가는 일에 꾸준한 영적 묵상과 진지한 신학적 탐구를 동반해야 한다.

관계적 공동체: 실존적 자아의 차이와 복음에 근거한 정서적 수용

인간 삶의 실존적 질감은 생각보다 다양하다. 인간 삶이라는 것이 다양하다 한 들 얼마나 다르겠는가 말하는 것은 얄팍한 생각이다. 인간 삶에는 하늘 아래 같은 인간이 갖는 무수한 공통점만큼이나 무수

히 다른 개별적 삶의 질감이 존재한다. 누군가는 충분히 감내했을 법한 인생 문제가 누군가에게는 자살을 생각할 정도로 절망적인 문제일 수도 있고, 누군가에게는 한 번 웃어버릴 만한 작은 사건이 누군가에게는 인생 전체 지도를 바꿀 만큼 거대한 파도로 느껴지는 것이다. 심리학과 같은 학문의 세계에서는 그렇게 서로 다른 인생 문제와 그 문제에 대한 대응 감정들을 가능한 최소한의 범주로 정의하는 것이 목적이고 그렇게 해서 인생사 문제를 일반화 하는 것이 중요한 작업이겠다. 그러나 인간이 사건과 상황을 직면하여 느끼는 감정은 그 누구의 것과도 비교할 수 없는 독특하여 개별적인 것이다. 그리고 이것이야 말로 인간관계에서 주로 경험하는 차이(difference)의 실체이다.

일반 심리학 특히 성격심리학(psychology of personality)은 인간의 개인차를 당연한 것으로 다룬다. 인간의 오래된 본성이 유전적으로 전이되어 형성되는 성격에는 당연히 개별적 차이라는 것이 있을 수 있고, 부모 유전자를 물려받아 자녀에게 형성된 성격에도 개인 간 차이라는 것도 있을 수 있다. 나아가 각 개인이 심리적 역량에 따라 주어진 인생 상황을 어떻게 대처하느냐에 따라서 차이라는 것이 있을 수도 있다. 이런 차이들은 사실 집단 내 역학 관계에서 매우 조밀한 차이를 만들어 낸다. 즉, 인간은 집단이나 공동체 내의 모든 관계에서 그 관계하는 숫자만큼이나 다양한 대응 차이를 양산하는 것이다. 그래서 이런 식의 차이는 집단을 이끌어 가는 지도자들이나 관리자들을 아연질색하게 만든다. 심리학적으로 밝혀진 개인차도 차이이거니와 그 개인차가 만들어내는 각 관계상의 개별차이도 어마어마하게 다양하고 그 진폭도 크기 때문이다. 집단 내 구성원들이 주어진 현안이나 상황에 대하여 관계 가운데 드러내는 이 다양한 차이는 전문가들 조차 어떻게 할 수 없는 관리 불가능 상대로 여기게 만든다.

상담을 지향하며 원인을 판별하는 성격심리학은 이런 식의 차이를 차이 그 자체로만 본다. 어떻게 보면 성격심리학 등이 주장하는 것은 차이 자체는 고유한 것이니 건들지 말라는 것이다. 어떤 개인이 공동체의 관계 가운데 보이는 행동의 특성은 그의 원가족(family origin)으로부터 유래한 것이고 그렇게 유래한 행동의 독특함은 고유의 본성에 가까운 것이니만큼 교정하거나 수정하기가 어려우리라는 식이다. 문제는 이런 식의 전문적 결론이 집단 역학의 해법에 도움이 되지 않는다는 것이다. 우선, 다를 수 있음에 대한 인정은 중요하다. 특히 한 개인이 유전적으로 혹은 자라온 배경에 근거하여 품게 된 성격의 특별함은 인정되어야 마땅하다. 그런데 문제는 그 개별적 차이를 집단 역학에서 그대로 둘 수 없다는 것이다.

집단 역학은 사실 차이라는 것을 그대로 두지 않는다. 그것은 어떻게 해서든 해소해야 하는 과제이다. 일반적으로 집단 역학에서 차이는 주어진 현상과 문제에 대한 반응과 해법을 논의하는데서 보다 더 창의적일 수 있도록 하는 바탕이 된다. 집단 내 구성원들이 보이는 차이는 창의성의 근거가 된다. 단, 집단 역학에서 차이는 조율되어야 하는 과제이다. 집단이 추구하는 비전과 목적, 목표하는 바에 비추어 차이는 반드시 조율되어 과제 수행을 위한 업무 실제에서 정리 혹은 일치 되어야 한다. 결국 기업이나 회사와 같은 이익집단에서 차이는 업무적 일치를 향하여 해결되어야 할 과제이다. 여기서 여전한 문제는 교회와 같이 동일 신념에 근거한 공동체가 다루는 정서적 차이이다. 일반 회사나 공공단체의 경우 공동의 이익에 근거하여 정서적인 반응은 일정량 무시한 채 행동 방향의 일치를 이룬다. 그러나 교회와 같은 신념 공동체의 경우 이런 식의 일치가 어려울 때가 많다. 공동으로 추구하는 이익이 돈이나 돈으로 등가 될 수 있는 어떤 현물이 아니라 다소간 추상적인 이념을 추구하는 경우다.

   교회 공동체의 경우 추구하는 비전과 목적이 심층에서 일치하지만 표면적으로는 불일치하는 경우를 많이 경험한다. 예를 들면 '십자가 사랑을 실천하자'고 하는 공동의 비전은 공동체 내에서 서로 뒤섞기조차 어려운 다양한 실제 과제를 드러내곤 한다. 어느 한 쪽은 사회적으로 가난한 장애인들을 섬기고 그들을 위해 봉사하는 것이야

말로 십자가 사랑이라고 주장하는 반면, 다른 한쪽은 사회적으로 점점 늘어가는 독거노인들을 돕는 일에 집중하는 것이 십자가 사랑 실천이라고 주장하는 식의 차이이다. 차이는 공동 비전 실천 대상에 대한 차이에서 뿐 아니라 그 방법 혹은 내용 면에서의 차이로 나타나기도 한다. 십자가 사랑의 일환으로 독거노인들을 위한 봉사에 집중하자는 계획에는 주간에 점심을 배달하는 것이어야 한다고 주장하는 쪽과 주말에 교회로 초청하여 함께 활동을 하는 것으로 십자가 사랑을 실천해야 한다고 하는 쪽 사이에 주장 차이가 나타나기도 한다. 결국 이런 식의 차이들은 교회와 같은 신념 공동체에서 심각한 갈등의 요인으로 발전한다.

일반적으로 교회는 이런 식의 갈등 상황을 성격 심리상의 차이나 집단역학적 의견 조율로 해결해야 한다고 본다. 그러나 그것은 바른 해법일 수 없다. 왜냐하면 이런 식의 차이와 갈등은 보통의 경우 주체간 실존적 차이에 근거한 것일 수 있기 때문이다. 실존적 차이(existing difference)란 자기 해석이 가미된 정서적 차이라고 할 수 있겠다. 즉, 한 개인이 자신의 유전적, 환경적 상황에 근거하여 직면한 삶의 현실에 대해 반응하는 생각, 자세, 태도 등으로부터 유발되는 논리적인 혹은 비논리적인 자기 해석을 말하는 것이다. 우리는 이런 식의 자기 해석들이 종국에 각자 삶의 현장에서 감정적 표현으로 드러난다는 것을 잘 알고 있다. 한 개인의 자기 실존 해석에 대한 감정적 표현은 일상의 관계에서 특히 많이 드러난다. 공동체 내 구성원들은 확실하게 주어진 업무와 과제 앞에서는 이런 식의 감정을 드러내지 않는다. 대부분의 성인들은 그 모든 상황에서도 주어진 일을 완수해야한다는 것을 누구보다 잘 알기 때문이다. 또 대부분의 성인들은 그 모든 상황에서 자기 성격에 근거한 개별적 차이들을 쉽게 드러내지도 않는다. 그것이 집단 내에서 좋은 영향을 끼치지 않으리라는 것을 잘 알기 때문이다.

개인 실존에 대한 자기 해석의 감정적 표출은 공동체의 표면에서 작동하지 않고 오히려 내면에서 은밀하게 그러나 매우 영향력 있게 작동 한다. 우리는 때로 늘 순종적이던 교회 구성원이 어느 날 야수처럼 돌변하는 것을 보게 된다. 전부는 아니라 할지라도 그 이유는 실존적 차이이다. 자신에게 주어진 상황과 현실에 근거한 감정적인 느낌들이 억눌려 있다가 일순간 표출되는 것이다. 그래서 감정의 골이 발생하는 것이다. 이런 식의 급작스런 표출과 감정의 골은 교회 공동체 내에서 잘 봉합되지 않는다. 그리고 쉽게 갈등으로 이어진다. 급기야 교회 분열의 주요한 원인이 된다. 대부분 교회들은 이런 식의 문제들을 사적인(private) 것으로 취급한다. 하나님의 일이라는 공적인 사업들을 방해하는 인간적인, 혹은 사탄적인 시험이라고 말하기도 한다. 그러나 그렇게만 해서는, 그런 관점만으로는 문제를 해결할 수 없다. 기실, 그런 식의 접근이 교회의 갈등과 분열의 문제를 해결한 적이 없다. 실존적 차이에 대한 공동체적, 관계적 접근과 해법에 서툴기 때문이다.

사실 교회와 같은 신념 공동체 내에서 발생하는 실존적 자아 사이 감정적 차이와 그 차이로 인한 갈등과 분열은 가장 교회다운 해법으로 해결되어야 한다. 용납(acceptance)과 고양(uplift)의 방법이다. 오랜 기간 교회는 이런 식의 방법으로 사회 내 각 공동체와 조직과 집단을 발전적으로 선도했다.

교회 공동체는 공동체 내 모든 관계에서 발생하는 개인사이 차이 현상을 인정하고 받아들이는 분위기를 가져야 한다. 용납의 방법이다. 모든 공동체에는 개인차이가 있게 마련이다. 모든 공동체의 관계에는 서로 이해하는 것, 생각하는 것, 취하는 태도 그리고 행동하는 것 등에서 분명한 차이가 나타나는 것이 당연하다. 문제는 해당 공동체가 그 차이라는 것을 인정하지 않으려 하고 그런 식의 경직된 분위기를 유지하여 더 강화하려는 데 있다. 그래서 일치와 융합을 강조하는 공동체일수록 차이에 대한 인정이 약한 경우를 볼 수 있다. 이런 경우 공동체의 리더들은 추구하는 비전과 목적을 이루기 위해서 공동체 내에 드러나는 차이는 장애물이라고 본다. 그리고 공동체의 비전과 목표를 성취하게 위해 차이를 없애야 한다고 주장한다. 이런 식의 통제적 접근은 그러나 교회와 같은 신념 공동체에는 어울리지 않는다. 교회 공동체에서 가장 중요한 것은 오히려 각 구성원들의 실존적, 정서적 반응의 개별적 차이를 발견하는 것이다. 그렇게 하고 나서 공동체는 그 차이를 유지할 것인지 혹은 그 차이를 일치시킬 것인지 혹은 서로의 차이를 넘어선 제3의 일치점으로 고양시킬 것인지를 결정해야 한다. 공동체는 반응의 차이를 알고 목표를 지향하는 것과 반응의 차이를 무시한 채 목표를 지향하는 것 사이의 심각한 차이를 잘 알아야 한다.

무엇보다 중요한 것은 공동체 내에서 발견되는 실존적, 정서적 차이를 인정한 뒤 그 드러난 차이 사이에 심리적 안전지대(safety zone)를 두는 일이다. 교회가 진정한 신앙 공동체이기 위해서 중요한 것은 서로 공존하는 방식을 찾는 것이다. 교회와 같은 신념 공동체의 공존 방식은 어느 한편의 주장 일색으로 공동체를 일치시키지 않는다. 교회 공동체의 공존 방식은 또한 서로 다른 심리적 차이를 영원히 방치하지도 않는다. 교회 공동체의 공존 방식은 마치 남북한이 서로 만날 수 있는 판문점과 같은 공동구역을 두는 것과 같은 안전지대를 설치하는 것에서 그 진일보가 가능하다. 공동체는 서로 너무 멀어지지 않으면서도 일정한 거리감을 가질 수 있도록 하는 것을 통해 각자 자신의 감정과 생각이 무시당하거나 외면 받고 있다는 불안감으로부터 벗어나도록 해야 한다. 그래서 나 뿐 아니라 나와 관계하고 있는 모든 이들이 공동체 안에서 각자의 감정을 존중받고 있다는 느낌을 갖도록 해야 한다. 그러나 교회 공동체는 이 안전지대가 항구적인 상호 불가침의 중간지대가 되도록 두어서도 안 된다. 교회 공동체는 이 안전지대를 통해 관계하는 서로가 대화하고 상호간 공동으로 발전할 수 있는 고양의 기회를 마련하도록 해야 한다.

이제 교회 공동체에 필요한 것은 두 번째, 고양의 방법이다. 교회 공동체는 차이를 인정하는 방법을 통해 공동체 내 모든 종류의 관계들이 서로를 존중하고 서로를 용납하는 분위기를 이끌 수 있어야 한다. 그러나 교회 공동체는 그 인정과 용납이 교회가 해야 할 일의 전부가 아님도 잘 알아야 한다. 교회는 이제 서로 알게 된 차이를 넘어선 고양의 단계로 나아가도록 관계 안의 공동체 구성원들을 이끌 수 있어야 한다. 공동체 구성원들은 우선 각자가 교회의 구성원들임에 대하여 인식할 수 있어야 한다. 그래서 관계상에서 드러난 차이와 불안 그리고 파생된 갈등과 분열 등이 각자 자기편 주장을 중심으로만 해결되는 것은 교회로서 바람직하지 않다는 것을 알아야 한다. 방법의 해법은 그래서 고양이다. 고양은 말하자면 다음 차원으로 넘어서는 것이고 현재 단계보다 하나 더 올라서는 것을 말한다. 교회 공동체 구성원 간의 차이는 교회가 제안하는 신학적 사고의 흐름에 따라 이루어져야 한다. 교회가 제안하는 신학적 흐름이란 바로 공동체의 모든 관계적 사안들을 십자가 신앙에 근거하여 보다 높은 영적 단계로 이끄는 것을 의미한다. 이 신학적 흐름 제안에 따르면 공동체 구성원들은 각자 자기 위치에서 경험하는 실존적 감정적 반응들을 십자가 복음의 정신에 입각하여 하나님 나라 공동체의 것으로 끌어올려야 한다. 이를 위해 구성원들은 먼저 자기 느낌과 불안을 잠재울 줄 알아야 한다. 그리고 십자가에 달리신 예수님의 입장에서 사안을 바라보고 교회 공동체를 위한 '십자가의 대안'을 이야기할 줄 알아야 한다. 이런 식의 십자가 발언이야 말로 바로 고양의 핵심이다. '예수님이라면 어떻게 할 것인가?'와 같은 제자도의 질문은 이 때 매우 유용한 도구가 될 것이며, 그 제자도 질문에 근거하여 성서적인 자료들과 신학적 성찰의 자료들을 적절하게 제공하는 일은 교회 리더들의 중요한 역할이 될 것이다. 십자가적 대안을 향한 고양은 결과적으로 각자의 차이를 바르게 넘어 공동체의 일치하는 지향점을 건강하게 추구하는 중요한 단계 절차가 된다.

관계적 교회: 융합과 분화 사이 십자가 은혜의 안정적인 자리 잡기

교회는 이 세상 가운데 실재하는 기관이다. 교회는 시간과 공간의 어느 역사적 지점에서 그 역사적 현실을 공유하는 동시대 사람들과 더불어 공동체를 이루어 존재하는 기관이다. 물론 조직신학자들이 말하는 것처럼 교회는 보편적(catholic)이라는 개념도 있기는 하다. 보편적 교회가 추구하는 바는 아마도 이상적이고 철학적인 측면일 것이다. 교회를 관계로 보는 것은 그러나 보편적인 것 보다는 개별적 위치(location)이다. 개별적이라는 것은 이 책의 앞 부분에서 지속적으로 논의한 바와 같이 관계의 발생과 과정, 결과에 대하여 그 이념적인 의미보다는 그 현상 즉, 교회의 구성원들이 벌이는 모든 종류 관계의 원인과 결과, 과정과 이유 등에 더 관심을 갖는다는 것을 의미한다. 위치라는 것은 그 각각의 개별성들이 취하고 있는 시간과 공간 내 자리 찾기를 의미한다. 그래서 그 '위치'는 관계의 보편적 특징 보다는 시공간 내에서의 실질적인 경향성을 의미한다. 말하자면, 지금 우리가 소속된 교회 공동체가 벌이고 있는 관계의 시공간을 초월한 이상적 일관성을 찾아 논리적으로 부합하여 설명하지 않고, 그 이상적 일관성에 어느 정도 근거하면서 현재 공동체 내 관계들이 추구하고 있는 역사적이며 실재적인 공동체 관계의 경향성을 찾아가는 것이다.

말은 어려워 보이지만 우리가 만일 교회 공동체 내에서 일반적으로 추구하고 형성하는 관계의 현실을 한 번만 진지하게 살펴보면, 그 개별성의 위치 찾기 즉, 자리 잡기라는 것이 무엇을 의미하는 것인지는 바로 알 수 있다. 만일 교회의 관계를 교회의 특성을 고려하여 담임 목회자와 부교역자, 평신도 지도자와 일반 평신도 등의 네 가지 그룹으로 구분하여 생각해 본다면 우리가 상상할 수 있는 교회가 교회로서 인정할 수 있는 교회 내 관계라는 것은 자기와의 관계를 제외하고 열두 가지 종류가 될 것이다. 우선 교회의 열두 개 관계에는 서로가 공유하는 기본적인 공통 특징이 존재한다. 교회의 역사 가운데서 지켜온 신앙 전통과 그 전통으로 형성된 공감대이다. 목회자와 평신도 모두는 이 공감대를 기반으로 교회 공동체를 형성한다. 그리고 교회의 모든 구성원들은 가장 근간에 교회로서의 신앙고백을 깔아두고 그것을 전제로 보편교회 범주에 포함되는 존재적 특징을 갖는다. 교회 공동체가 갖는 공감대는 이것뿐이 아니다. 교회 공동체는 전통적신앙고백과 보편교회의 교회다운 특징을 기반으로 개별적 지역교회(local church)로서 특징을 공동체 내 구성원들과 공유한다. 교회의 목회적 비전과 선교적 목적, 교육목적 등이 바로 그것이다. 이런 공감대들은 교회가 공동체로서 서로 통용하는 중요한 기반이다.

이 공동기반은 교회 내 어떤 특정한 관계에서 드러나게 마련이다. 물론 어느 특정한 관계에서는 이 공동 기반이 드러나지 않을 수도 있다. 만일 어느 교회가 이 공동기반이 존재하지 않는 상태에서 상호간 관계를 형성한다면 그것은 방향 없는 무질서한 관계를 만드는 것이 된다. 이 책에서는 이런 식의 무질서한 관계 상황이 교회 전반을 지배하는 경우에 대해서 논의하지 않겠다.

잘 생각해 보면 교회는 이 공감대를 기반으로 한 관계가 일정 부분의 관계 양상들을 차지하는 가운데 그와는 다른 차원의 다양성도 존재한다는 것이다. 앞서 언급한 바대로 교회는 한 편으로 예수 그리스도의 십자가를 통한 하나님의 뜻과 사랑을 공동 기반으로 관계를 형성한다. 동시에 교회에는 공동체 구성원들의 각양 다양한 실존적 자기 경험과 해석, 그리고 그를 근거로 한 감정적 태도를 통해 관계가 형성되기도 한다. 결국 공동의 공감대를 기반으로 하는 '융합'의 경향과 개별적 실존의 해석과 그를 근거로 하는 감정적 태도로 인한 '개별화'의 경향은 교회 내 관계가 서로 일치하거나 벌어지게 되는 역학구조가 되는 것이다. 교회 내 공동체의 관계 즉, 목회자와 목회자, 목회자와 평신도, 혹은 평신도와 평신도의 관계에서 융합적 형태로 드러내는 경향과 공동체 구성원들의 개별 실존적 안정과 성숙을 고려하여 개별화를 지향하는 경향은 상존한다. 교회의 모든 관계 안에 상존하는 융합과 분화의 경향은 결국 '거리감 없는 하나된 관계(A)', '거리감 있는 하나 된 관계(B)', '연결된 채 개별화된 관계(C)' 그리고 '단독적으로 개별화된 관계(D)'의 네 가지 실재적 관계상의 위치 해석이 가능하게 한다.

 말하자면, 교회는 현재의 건강한 공동체 관계 형성을 위하여 현재 이루고 있는 관계의 실체를 파악하고 그 파악의 결과를 해석할 줄 알아야 한다. 교회의 관계란 때로는 불안을 넘어서거나 불안을 감내하면서, 때로는 안정을 기뻐하거나 안정을 넘어서면서 교회 공동체의 성장과 발전을 위하여 진일보된 관계의 자리를 나아가야 한다. 중요한 것은 교회가 파악하고 해석한 관계의 현재 위치가 교회가 영원히 머물러야할 이상적인 관계의 자리는 아니라는 것이다. 교회의 시공간 상의 역사 속 위치는 끊임없이 변화한다. 그런 가운데 교회는 그 공감하는 공동의 인식을 진화시켜야 하는 과제를 안고 있다. 결국 교회의 미래 발전을 지향하는 변화의 행보에서 현재 관계의 위치는 도움이 될 수도 위협이 될 수도 있다. 결론을 먼저 말하자면, 아래의 네 가지 교회가 해석하는 관계 위치는 보다 발전적이고 성숙과 성장을 가능하게 하는 미래 관계로 진보해야 한다. 교회 내의 관계는 끊임없이 진일보하는 것이 정석이다.

 일반적으로 심리학적 접근이 제안하는 인간관계의 한계선은 150

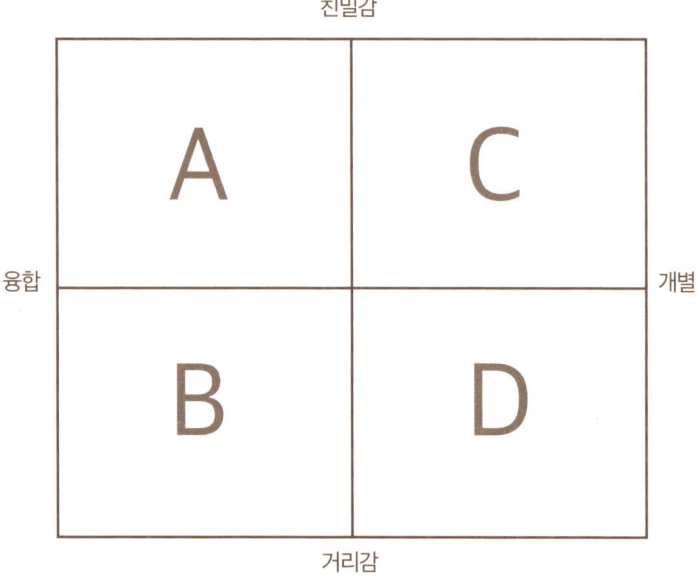

여명 정도이다. 인간은 150명 정도의 규모 안에서 상호 관계하며 공동체를 공동체답게 만들어갈 수 있다. 150명이 넘어서는 공동체 관계는 더 이상 공동체적 관계라고 보기에 어려운 부분이 있다. 인간의 관계적 인지 한계를 넘어서기 때문이다. 이런 맥락에서 이 책은 담임목회자, 부교역자, 평신도지도자 그리고 일반 평신도 등의 네 부류 관계 주체가 형성하는 교회의 네 가지 실질적인 관계 유형을 약 400명 정도의 중소형 교회 A와 100명 미만의 소형교회 B 등 두 공동체를 중심으로 관찰하고 그 해석적 결과를 함께 나누고자 한다.

거리감도 없고 비전으로도 하나 된 관계(A): 교회가 형성하고 해석하는 관계의 첫 번째 유형은 구성원 사이에 실존적 해석의 차이 없이 비전과 목적에 일치하여 하나 된 관계이다. 이 경우 교회의 모든 구성원들 사이에는 교회가 추구하는 비전과 목적에 대한 이해도를 잘 나누고 소통하는 관계가 형성되어 있다. 교회 공동체의 구성원들은 전반적으로 상호 관계를 나눌 때 현재 교회가 추구하는 바와 그 비전에 근거한 정책과 전략 등 그리고 비전 실현의 방식 등을 공유하고 함께 한다. 그런데 이 관계 유형의 경우 특징은 한 가지 놀라운 측면을 갖고 있다. 교회 공동체 구성원들은 교회의 공동 비전과 목적에 근거한 각각의 관계에서 실존적, 정서적인 차이를 갖지 않고 있다는 것이다. 교회 공동체 구성원들은 교회 내에서 형성하는 모든 관계에서 해석의 차이나 그로 인한 관계의 불안함을 갖고 있지 않은 것이다.

전체 교인수가 약 400여명 정도인 A교회의 경우 담임목회자와 일반평신도의 관계에서 거리감 없이 하나 된 관계를 많이 볼 수 있었다. 담임목회자는 일반평신도들과 더불어 교회의 비전과 목적을 공유하기 위한 다양한 프로그램을 직접 운영하고 있었다. 담임목회자는 수요일 오전과 저녁 성경공부를 통해 그리고 주간에 발생하는 구역예배에 대한 순회 참여를 통해 교회의 비전과 목적을 적극적으로 설파하고 있었으며 그를 통해 평신도들과의 융합된 관계를 형성하고 있었다. 그 뿐 아니었다. A교회 담임목회자는 평소 일반평신도들에 대한 꾸준한 심방을 통하여 매우 안정적인 정서적인 관계를 형성하고 있었다. 담임목회자는 일반 평신도와의 개인적인 관계 부분에 대해 매우 신중하고 열정적이었다. 덕분에 A교회의 경우 담임목회자와 일반 평신도 사이 관계는 융합적이면서도 하나 된 관계를 유지하고 있었다. B교회의 경우에는 오히려 융합적이고 하나 된 관계가 담임목회자와 평신도 지도자들에게서 주로 나타났다. 이 교회의 경우 담임목회자와 평신도 지도자들은 개척시기부터 오랫동안 매우 돈독한 유대관계를 형성해 왔다. 그래서 목회자와 평신도 지도자들 사이에 실존적인 차이가 거의 나타나지 않았으며 정서적인 거리감이 거의 발견되지 않을 정도로 안정적으로 하나된 관계 양상을 보이고 있었다. B교회의 경우 담임목회자와 평신도지도자들 사이에는 교회의 비전과 목적하는 바에 대한 의식 및 실천의 일치도 잘 이루고 있었다. 평신도지도자들은 오랜 관계를 통해 담임목회자가 추구하는 비전을 잘 알고 있었으며 대체로 그 비전에 동의하고 있었으며, 그 비전을 이루기 위하여 시행하는 현행 교회의 사역 방식에 대해서도 대체로 동의하고 있었다.

그러나 이렇게 융합되고 하나 된 관계에도 문제는 있었다. A교회의 경우 담임목회자와 일반 평신도 사이에서 보이는 전반적인 융합과 하나 된 관계에 대비하여 담임목회자와 부교역자 사이에는 목회 비전적적으로는 하나 되어 보였으나 정서적으로는 거리감이 있어 보이는 관계를 형성하고 있었다. 게다가 A교회의 경우 일반평신도와 일반평신도 사이에는 교회 비전으로는 일치를 보였으나 정서적으로 서로 거리감을 갖고 있는 경우가 허다했다. B교회의 경우에는 상황이 A교회보다 더 불안해보였다. 예를 들면, 담임목회자와 일반평신도 사이에는 매우 단독적이고 개별화된 관계 유형이 심각하게 나타났다. 또한 부교역자들과 평신도지도자들 사이에는 목회 비전으로는 일치하고 있으나 정서적으로 실존적으로 상당한 거리감을 갖고 있는 것으로 나타났다.

사실 거리감도 없고 비전도 일치하는 관계는 교회에서 가장 이상적인 모습으로 비쳐질 수 있다. 그러나 이런 식의 이상적인 관계는 보통 교회 내 또 다른 관계가 갖는 부족함을 더욱 드러내는 결과를 초래할 경우가 많다. 담임목회자와 일반평신도 사이 관계가 이렇게 이상적일 경우 담임목회자와 관계를 형성하고 있는 다른 관계 주체들은 상대적으로 박탈감에 빠져들 수 있다는 것이다.

거리감은 있으나 비전으로 하나 된 관계(B): 교회가 형성하고 해석하게 되는 관계의 두 번째 유형은 정서적으로는 거리감을 갖고 있으나 추구하는 비전과 목적으로는 일치된 경우이다. 이 유형의 교회 공동체 내 관계는 실존적으로 공유하거나 정서적으로 함께 나누는 관계는 없으나 교회가 추구하는 비전 실현과 목적 성취의 과정 및 그 기능적 참여에 관해서는 서로 무리 없이 관계를 형성하는 경우이다. 말하자면, 공동체내에서 일은 같이 하지만 정서적으로나 삶의 차원에서는 서로 공유하거나 나누는 것이 없는 관계이다. 교회는 본질적으로 정서적으로 거리감 없는 하나 된 관계를 지향한다. 그러나 실제로 공동체의 크기가 크건 작건, 교회에는 이런 식의 일 중심 관계가 존재하기 마련이다.

A교회의 경우 이런 식의 다소간 일과 과업 중심 관계는 평신도지도자와 일반평신도 사이에서 많이 나타났다. A교회의 경우 일반 평신도들이 평신도지도자들과 일 관련 관계를 잘 형성하는 반면 실존적으로 혹은 정서적으로 감정을 공유하는 관계로까지 발전하지는 못하는 것 같았다. 이런 경우는 부교역자와 평신도 지도자들 사이에서도 다소간 이런 경향이 나타나고 있었다. 대다수는 아니더라도 일부의 경우 부교역자와 평신도 지도자들 사이에서 일과 과업 중심의 관계가 형성되고 있었던 것이다. 사실 이런 관계는 일반적인 교회 내에서 쉽게 볼 수 있는 관계의 부정적인 모습이다. 말하자면 부교역자와 청년 평신도 리더들 사이, 예를 들면 교육부서 담당 교역자와 청

년 교사들이나 찬양팀 담당 교역자와 평신도 지도자들 사이에서 이런 경향이 나타나고 있는 것이다. B교회의 경우에도 일 중심의 관계 경향은 부교역자와 평신도 지도자들 사이에서 많이 나타났다. 이 교회의 경우 부교역자들은 교회 사역의 다양한 기능과 관련하여 여러 구성원들과 직접적으로 연결되어 있는 반면 그들과 실존적이거나 정서적인 관계를 형성하는 부분에서는 부족한 면을 보이고 있었다.

어떤 사람들의 견해로 이런 식의 일과 과업 중심 관계는 교회가 주어진 선교적 목적에 충실해 질 수 있는 지름길이라고 말하기도 한다. 그리고 교회의 모든 관계를 서로 일치하는 목적에만 집중되도록 하려 한다. 한편으로 이런 식의 관계 시도와 확립은 의미 있는 작업일 수 있다. 교회가 전통적으로 혹은 작금에 추구하는 목적을 성취하기 위한 구성원의 기능적 배치와 상호간 기능적 관계 정립이 교회로 하여금 다른 부수적인 것들에 빠져들지 않게 하는 안전장치처럼 보일 수 있기 때문이다. 그러나 일과 과업 중심의 관계는 교회의 안정적인 관계 공동체 정립의 과정에서 지나치게 기울어 치중하지 말아야할 유형이라고 볼 수 있다.

거리감 없으나 비전과 목적이 개별화된 관계(C): 교회의 한편에 비전과 목적이 일치하는 가운데 정서적인 거리감이 있는 관계가 있다면, 다른 한편에는 정서적이거나 실존적인 거리감은 없으나 추구하는 비전과 목적이 분화되고 개별화된 관계도 있을 수 있다. 이 관계는 일반적으로 교회 내 관계를 일 보다는 정서적 유대감 형성에 초점을 맞추는 경우라고 볼 수 있다. 이런 관계는 교회 내에서 일반적으로 과제나 과업 수행을 위한 조직으로부터는 괴리되어 있고 친교나 관계 나눔 차원에서는 밀접하다. 말하자면, 교회는 다니지만 교회가 추구하는 비전과 목적에는 어울리지 않고, 교회 내 사람들과 정서적으로 친밀한 관계를 형성하는 것에만 관심을 추구하는 것이다.

우선 살펴야 할 것은 A교회와 B교회 모두 이런 사람들이 담임목회자와 일반평신도 사이에 이런 식의 관계가 상당부분 존재한다는 것이다. 양쪽 모두 일반평신도들 가운데 일정 그룹과 숫자에서 담임목회자와 이런 식으로 관계를 형성하려는 경향이 뚜렷이 나타난 것이다. 이런식의 관계를 형성하는 일반 평신도들은 대체적으로 교회를 출석하여 예배에 참석하고 설교를 듣고 담임목회자와 개별적으로 관계를 형성하는 것 외 그 어떤 관계도 교회 안에서 형성하지 않고 있었다. 그들은 사실상 담임목회자와의 정서적 실존적 관계 외에는 교회 내 그룹들 가운데 그 어떤 사람들과도 관계를 형성하려 하지 않았다. 이런 식의 관계는 청년회나 교구에서 부교역자와 일부 일반평신도 간의 관계에서도 쉽게 나타나는 경향이었다. B교회의 경우에는 사실상 이런 식의 부교역자와 평신도 사이 일이 아닌 정서적 관계만 형성되는 경우나 거의 없었다. 그러나 A교회의 경우에는 교구나 청년회 같은 개별 부서 내 관계에서 담임목회자와 일반평신도 사이에 나타나는 관계와 유사한 관계가 나타났다.

이런 식의 정서적 나눔만을 중요하게 여기는 관계는 A교회와 B교회에만 나타나는 것은 아닐 것이다. 대부분 교회의 경우 이런 식의 관계 즉, 공동체의 사역에 대해서는 아무런 관계가 형성되지 않으면서 정서적으로만 연결되려는 관계가 교회에는 늘 나타나게 된다. 실제로 이런 식의 관계가 교회 안에서 지나치게 팽배하게 되면 교회는 자칫 여러 종류의 정서적 유대관계만 가득한 채 교회로서의 기능은 상실하게 되는 경우가 많다. 교회는 앞선 관계 (B)가 제안하는 것과 같이 지나치게 일에만 편중되는 관계도 경계해야 하지만, 정서적 나눔만을 강조하는 (C) 유형의 관계도 늘 경계해야 한다. 필요는 할지언정 지배적일 경우 교회의 존재 목적과 기능을 상실하게 되기 십상이기 때문이다.

거리감도 있고 비전과 목적의 개별화도 된 관계(D): 마지막 네 번째는 실존적, 정서적으로도 거리감이 있고, 비전과 목적 공유도 지나치게 개별화 되어 모든 면에서 매우 독립적인 관계이다. 이 마지막 관계는 사실 교회 내에서 그 누구와도 관계가 없다고 보아도 무방한 사람들 사이의 관계를 말한다. 이들은 교회라는 조직이나 공동체가 추구하는 공적인 비전에도 동의하지 않으며 개별적이고 정서적인 관계 역시 형성하지 않는다. 단, 이들이 어떤 특정한 주체와 관계를 형성하면서 거리감도 있고 비전과 목적도 개별화 되어 있다고 해서 다른 주체들과의 관계 역시 마찬가지라고 볼 수는 없다. 특정한 주체자들은 교회 안에서 어떤 다른 특정한 주체자들과 관계하면서 이런 독립적이고 개별적인 양상을 보일 수 있다. 예를 들면 어떤 일반 평신도가 다른 특정한 일반 평신도와 관계를 형성하면서 정서적으로도 거리감을 갖고 비전과 목적 공유도 하지 않는 모습을 보일 수 있다. 그러나 동일한 일반 평신도가 교회의 담임목회자와 관계를 가지면서는 정서적으로 거리감 없이 비전과 목적을 매우 밀접하게 공유하는 관계를 형성할 수도 있다.

A교회의 경우 이런 식의 관계는 주로 일반평신도와 일반평신도 사이에서 많이 나타나고 있었다. A교회의 경우 일반평신도들 사이에 교회는 출석하고 있지만 정서적으로나 실존적으로 혹은 교회의 목적 달성을 위하여 기능적으로도 전혀 연결되지 않는 관계가 많았다. 그들은 서로 안면은 있으나 서로 관계로 얽혀지지는 않고 있었다. B교회의 경우에는 이런 관계가 일반평신도들 사이에 일부 나타

나고 있었으며 부교역자 및 평신도지도자와 일반평신도들 사이 관계에서도 이런 식의 데면데면한 관계가 있었다. 아무래도 담임목회자를 중심으로 하는 관계가 더 많은 B교회가 담임목회자가 참여하지 않는 관계에서 이런 모습이 쉽게 나타난 것이다.

일반적으로 이런 식의 거리감 있고 개별화된 관계는 거의 나타나지 않는다. 아마도 300명 이상 되는 중형교회 이상에서 이런 현상은 자주 나타날지 모르겠다. 주일 교회 예배 출석에만 관심을 갖고 그 외 어떤 교회 내 관계도 거부하는 경우는 작은 교회에서 보다는 중대형의 교회에서 많이 나타나는 경향이기 때문이다. 우리가 대형교회 익명의 그리스도인이라고 부르는 사람들이다. 어쨌든 작은 교회라 할지라도 이런 식의 관계는 관계의 상대에 따라 나타나는 경향이 있을 수 있다. 교회는 결국 이런 관계 안에 빠져 있는 사람들을 보다 관계가 확장되고 심화되어 풍성한 교회적 삶으로 인도할 수 있어야 한다.

관계적 목회: 변증적 관계 나눔의 안내

온전한 관계 공동체로서 교회를 세워가는 일의 마지막은 아무래도 목회적 사역 지침이 될 것이다. 현대교회에서 목회는 교회의 중심이다. 전문적인 신학교육을 받고 청빙 받아 부임한 목회자이든, 회중 공동체 사이에서 기도 가운데 세움을 받은 목회자이든 교회 내 모든 관계를 보다 건강하게 증진시키는 것이라면 그것은 목회적 사역에 의해 세워져갈 때 건강할 수 있다. 교회의 건강한 관계는 목회적 건강함과 목회적 기능 및 사역의 견실함에 의해 좌우될 수 있다는 말이다.

이 시대 목회자들의 스승 유진 피터슨(Eugene E. Peterson)이 어느 강연에서 말한 것처럼 목회란 '하나님의 뜻을 공동체와 더불어 세상 가운데 실현하는 일을 위하여 부름 받은 사람의 헌신'이다. 일반적으로 교회 공동체는 유진 피터슨의 이 말에 동의하면서 '부름 받은 사람의 헌신'에 초점을 맞춘다. 회중 가운데서 실천하는 목회를 한 개인의 소명 여부와 헌신 강도, 능력 여부 등에 의지하려는 것이다. 이것은 지극한 현실이면서 안타까운 사실이기도 하다. 목회란 생각보다 관계적인 맥락 안에서 발생하고 종결되기 때문이다. 그래서 우리는 유진 피터슨의 언급 가운데 특별히 '공동체와 더불어 세상 가운데 실현하는 일'에 관심을 더 기울여야 한다. 목회는 홀로 서서 하는 독립 작업이 아니다. 목회는 함께 하는 것이다. 목회는 목회로 부름 받은 한 개인이 독자적으로 펼치는 단독무대극이 아니다. 목회는 부름 받은 공동체 가운데 분명하게 서서 함께 하는 공동체의 구성원들과 각각의 개별적인 관계 혹은 공동의 관계 가운데서 펼치고 성취하는 하나님의 사역이다. 그래서 목회는 교회 공동체 내에서 누군가와 함께하는 가운데 발생하는 관계 선상의 그 무엇이다. 그러니 목회가 목회자만의 독자적인 것이라고 말할 수는 없다. 그것은 목회자가 관계하는 사람들과의 그 무엇이다.

하나님의 창조는 성부 하나님께서 삼위 공동체의 각 위와 사랑으로 관계하는 가운데 발생한 사건이다. 하나님은 삼위 하나님의 관계 나눔으로 발생한 창조의 놀랍고 위대한 사건들 가운데 인간을 참여시키셨다. 하나님께서는 인간과 더불어 피조된 세계를 거니는 가운데 함께 이루는 모든 일들로 하나님의 창조 사역을 확장하셨다. 인간과 관계하시는 가운데 창조사역을 확장하신 것이지 창조사역을 스스로 확장하시는 가운데 인간의 보조물로 이끌어 들이신 것이 아니다. 그것은 예수님의 십자가 구원 사건도 마찬가지다. 예수님께서는 하나님과 온전한 관계 가운데 계시면서 하나님의 세상을 구원하시고자 하는 그 뜻을 십자가로 실현하셨다. 그리고 당신의 십자가로 이루시는 관계 가운데 당신의 제자들과 세상의 모든 피조된 인간을 십자가 사랑의 관계로 초청하셨다. 누구든지 예수 그리스도의 십자가 은혜를 믿고 그 사랑 가운데 거하면서 예수님과 더불어 나아가 하나님과 더불어 사랑의 관계를 맺으면 그는 예수님의 십자가 구원의 길을 동행하는 것이다. 그는 그렇게 예수님과 사랑의 관계 안에서 예수님의 세상을 구원하시는 은혜의 사역에 동참하게 되는 것이다.

교회의 목회적 관계는 결국 하나님과의 사랑 관계 가운데 하나님의 창조와 하나님의 구원, 하나님의 세상 가운데 하나님 나라를 앞당기는 사역에 함께 하며 그 사역을 성취하는 행위이다. 교회의 목회적 관계는 결국 하나님께서 피조물들을 당신의 사랑 관계 안으로 초대하신 것처럼 교회의 동역자들과 성도들을 목회적 관계 안으로 초대하는 것이어야 한다. 그렇다. 교회의 모든 구성원들을 하나님의 뜻 성취로서 목회적 관계로 이끌어 들이는 것이다. 그렇게 하나님과의 관계를 확장하는 가운데 목회는 교회안과 밖에서 하나님의 창조와 구원, 하나님 나라의 실현 여정을 세상 가운데 전하고 성취한다.

이제 중요한 것은 관계적 목회의 실제이다. 관계적 목회의 실제는 우선 변증적이다. 목회적 리더십들에 의해 주도되는 교회의 비전에 대한 융합 지향적 차원과 교회의 각 구성원들이 실존적 맥락에서 교회의 상황을 해석하는 정서적 반응의 개별 지향적 차원 사이 변증이야 말로 관계적 목회의 주요한 실제라는 말이다. 앞서 언급한 바와 같이 교회는 목회적 리더십들에 의해 주로 주도되는 비전과 목적이 상존한다. 교회 리더십들은 이 맥락을 교회 안에서 펼쳐가는 가운데 교회의 통합과 일치, 융합을 지향한다. 당연히 교회의 리더십들에 의해 주도되는 관계는 교회의 목적하는 바와 추구하는 비전에 근거한 일치를 지향하는 경우가 많다. 교회의 리더십들 역시 세상 공동체와 조직의 리더십들과 마찬가지로 추구하는 바, 목적하는 바의 성취를 지향하는 것이다. 교회의 목회적 리더십들은 그 목적하는 바가 단기적인지 혹은 중장기적인지에 따라, 혹은 직면한 위기에 대응하는 차원인지 아니면 암묵적으로 다가오는 위기에 대한 대응의 차원인지에 따라 교회 구성원들과의 관계를 보다 압박하여, 혹은 유연하게 이끌어 가게 된다.

교회의 관계적 목회의 변증적 차원이 말하는 또 다른 극단은 역시 앞서 언급한 것처럼 교회 구성원들의 실존적 정서적 개별 반응들이다. 교회 각 구성원들의 실존적 정서적 개별 반응은 꽤 개별적이다. 각자의 실존적 현실에 근거한 반응이기 때문이다. 교회의 구성원들의 개별적 반응은 인간 실존의 다양성에 근거하여 지극히 당연한 것이다. 교회의 개별 구성원들은 교회가 전통과 교리에 근거하여 발생시키는 모든 종류의 일관성 있고 교회다운 활동에 대하여 다양한 반응을 보이게 마련이다. 교회의 구성원들은 이런 식의 개별적 반응을 교회 공동체 내의 다양한 관계에서 쉽게 드러낸다. 만일 교회가 혹은 교회 내 자신들이 형성하는 모든 관계들이 자신들의 개별적 반응을 받아들이지 않으면 그들은 정서적으로 불안함을 드러낼 것이다. 반대로 교회가 혹은 교회 내 자신들이 형성하는 모든 관계들이 자신들의 개별적인 반응을 자신들의 것과 유사한 것으로 여기거나 혹은 용납한다면 상대적으로 안정적인 정서적 반응을 보이게 될 것이다.

이 단계에서 필요한 것은 목회자 혹은 목회적 리더들의 해석이다. 목회자 혹은 목회적 리더들은 앞 장에서 언급한 네 가지 관계 유형에 근거하여 교회 안에 형성되는 각 관계들을 해석할 줄 알아야 한다. 즉, '거리감 없는 하나 된 관계(A)', '거리감 있는 하나 된 관계(B)', 연결된 채 개별화된 관계(C)' 그리고 '단독적으로 개별화된 관계(D)' 등의 네 가지 유형을 말한다. 목회자들이나 목회적 리더들은 현재 교회내에서 발생하는 다양한 관계들 즉, 목회자와 목회자, 목회자와 평신도, 그리고 평신도와 평신도 사이 다양한 관계들을 위 네 가지 유형에 근거하여 살피고 해석하여 그 관계적 위치(location)을 설정해야 한다. 목회자나 리더들이 파악해야 하는 교회 내 관계의 실제는 그래서 앞에서 언급한 바와 같이 담임목회자, 부교역자, 평신도 리더 그리고 일반 평신도 등의 네 가지 관계 주체들 간 역학 관계로 살펴야 한다. 교회 내에서 교회다운 사역과 실천 가운데 발생하는 다양한 관계들은 결국 그 관계하는 숫자들만큼이나 다양한 양상을 보이게 될 것이다. 그러나 목회자들은 그 다양한 관계 양상들을 위 네 가지 유형에 근거하여 살펴야 한다. 그렇게 해서 교회 내 다양한 관계들의 현재적인 양상들이 어떤 경향과 추이로 범주화(categorization)될 수 있는지 알아보아야 한다. 결과적으로 이 네 가지 유형으로 범주화된 교회 내 관계 양상은 교회가 이루고 있는 관계의 현재 위치를 알게 하고 나아가 그 관계가 발전적으로 나아가야 할 방향을 설정할 수 있게 한다. 중요한 것은 현재 관계 양상들이 갖는 유형 범주적 위치가 영원히 고착되지 말아야 한다는 것이다. 교회 내 관계는 하나님의 사랑 어린 관계 나눔의 뜻에 근거하여 역사에 흐름에 따라 늘 새로워야 한다. 교회가 하나님 나라를 향하여 늘 진일보하듯 교회 내 관계 역시 하나님의 창조와 구원 그리고 하나님 나라의 미래적 도래에 기준하여 늘 변화해야 한다.

목회자들과 목회적 리더들이 해석한 관계의 위치는 십자가 정신과 사랑, 그리고 미래적 비전에 근거하여 고양(uplift)되어야 한다. 래리 크랩(Larry Crabb)은 『관계의 공동체』(Becoming A True Spiritual Community, IVP)에서 우리 삶은 아랫방의 현실을 넘어서 윗방의 그 모든 것을 초월하면서도 그 모든 것을 이끌어 가는 현실을 보아야 한다고 말한다. 우리 삶 특히 공동체의 삶은 위의 것을 바라보면서 고양되어야 한다는 것이다. 이것은 관계 안에서도 매우 중요하다. 인간

관계는 어쨌든 각자 자기의 실존적 현실을 딛고 그 현실에 근거하여 해석하는 관점에 따라 형성하는 것이다. 그러나 대부분 인간관계 전문가들은 참으로 온전하여 건강한 인간관계를 위해서라면 그 각자의 현실에 근거하여 형성되는 관계의 최초 해석에 머무르지 말라고 조언한다. 인간관계는 최초의 느낌과 정서적 반응, 그로 인한 안정과 불안 등의 모든 현실을 넘어서야 한다. 그것도 건강하여 온전한 방향으로 발전적인 고양을 이루어야 한다. 교회의 관계 역시 마찬가지이다. 교회 안에서 형성하는 모든 종류의 관계 역시 그 초기 느낌 정서적 반응 그리고 그로 인한 서로의 차이 등이 존재한다. 그러나 그 초기 느낌이나 관계의 경험은 늘 머물러야 할 영원한 처소가 아니다. 교회 안에서의 모든 관계는 그 초기 위치로부터 이동하여 교회가 전통적으로 지향해 온 십자가 사랑과 정신에 근거하여 발전된 위치로 나아가야 한다. 목회적 리더십은 결국 그것을 격려하고 안내하며 새로운 위치에서 잘 자리 잡도록 돕는 것이다. 이를 위해 목회적 리더십은 다음의 몇 가지 실천적 과제들을 숙지해야 한다.

첫째, 관계적 목회 리더십은 예수 그리스도의 십자가 사랑에 대한 진지한 자기 성찰을 전제한다. 목회적 리더십은 예수 그리스도의 십자가 사랑이 현재 위치에서 하나 더 낮아지는 사랑이라는 것을 잘 알고 있다. 바울이 빌립보서 2장에서 찬양한 바와 같이 예수 그리스도의 십자가 사랑은 하나님의 세상 구원을 향한 뜻에 순종하여 현재 위치로부터 하나 더 낮아지는 사랑의 헌신이다. 바울의 기독론 찬양에 의하면 예수님은 하늘의 보좌로부터 인간으로 내려오셨고 인간에서 종으로 낮아지셨으며, 종의 모습에서 다시 십자가에 자기를 내어놓으신 사랑의 하나님이셨다. 결국 관계적 목회 사역은 이렇게 낮아지신 예수 그리스도, 낮아지는 사랑으로 세상을 구원하신 십자가의 예수 그리스도를 꾸준히 묵상하는 가운데 현재 위치에서 자신이 지는 십자가의 사랑으로 더 낮은 위치를 발견하는 사역이다. 지금보다 더 낮은 자리를 발견하지 못하는 목회 사역은 관계적 목회의 첫 단추를 풀 수 없다. 십자가 사랑으로 낮은 자리를 찾는 눈, 그것이 바로 관계적 목회 리더의 사역하는 눈이다. 관계적 목회 리더는 그 눈으로 교회 내 모든 관계들로 하여금 현재 위치에서 십자가 사랑을 이룰 수 있는 더 낮은 자리를 찾도록 안내하는 영적 지도자이다.

둘째, 관계적 목회 리더십은 네 가지 유형에 근거하여 발견된 교회 내 현재 관계의 위치들을 십자가 사역으로 고양시켜야 한다. 십자가 사역으로의 고양은 나보다는 타인을 위하는 이타적 사랑과 우리보다는 하나님의 뜻을 앞세우는 하나님 사랑을 위한 고양을 의미한다. 예수님께서는 제자들에게 "각자 자기 십자가를 지고 나를 따르라"고 명령하셨다(마 16:24~25). 그리스도인은 그리고 그리스도인의 공동체는 그리스도인과의 것이든 아니면 세상 누군가와의 것이든 모든 관계 안에서 예수 그리스도의 십자가 뜻 이루기를 지향해야 한다. 지금 현재 형성하고 나누고 있는 관계에서 십자가 사랑이 온전히 드러나는 방법과 길을 여는 것이다. 그래서 그들이 형성하는 관계 안에서 나보다는 그들이 온전해 지고 우리의 것 보다는 하나님의 뜻이 더 온전히 성취되는 길을 열어야 한다. 관계적 목회 리더들은 교회 내 모든 관계들이 십자가 은혜를 전하고 십자가 사랑을 완성하는 디딤돌이 되도록 안내해야 한다. 교회의 모든 관계들이 십자가 사랑의 에토스(ethos)를 갖도록 권면하고 격려해야 한다. 예수님께서는 베드로에게 당신의 양들을 맡기시면서 그가 언젠가는 십자가에 달려 죽게 될 것이라고 말씀하셨다(요 21:18). 양들과의 관계의 종국이 십자가임을 말씀하신 것이다. 교회의 관계적 목회 리더들 역시 마찬가지이다. 리더들은 교회 내에서 형성되는 모든 관계들이 종국의 십자가를 향한 관계들임을 늘 가르치고 일깨워야 한다. 그 길을 가도록 북돋우고 격려해야 한다. 교회 내 어떤 관계가 현재의 관계 유형으로부터 진일보하여 십자가를 이루는 관계로 나아가고자 한다면 그것을 격려하고 예찬해 주어야 한다.

여기서 관계적 목회 리더들은 한 가지를 유념해야 한다. 교회 내에 형성된 모든 관계들이 현재 관계 위치에서 진일보하는 것은 위에 제안한 네 가지 유형에서 미지의 다섯 번째 유형으로 나아가는 것을 의미하는 것이 아니다. 관계의 유형은 생각보다 간주관적(value free)이다. 즉, '서로 거리감 없이 비전상 일치하는 관계(A)'가 진일보한다는 것은 '서로 거리감을 갖고 비전상으로는 일치하는 관계(B)'로 이동하는 것을 의미하는 것일 수 있다. '서로 거리감은 없으나 비전 상 일치하지 않는 관계(C)'는 말하자면 '서로 거리감도 있고 비전상으로도 일치하지 않는 관계(D)'로 나아갈 수도 있다. 그렇게 정서적으로 독자적이고 비전적으로 개별적인 독립적 위치로 이동하여 나아가는 것이 교회에게 꼭 문제적일 수는 없다. 엘리야처럼 고립된 채로 있다 보면 그 관계는 교회 내 그 누구도 보지 못한 새로운 비전을 가지고 공동체로 돌아올 수도 있다. 말하자면 관계적 목회 리더들은 교회 내 모든 관계들이 다른 유형으로 '이동(move)'하도록 권하는 것을 중요하게 여겨야 한다. 현재적 위치로부터 십자가를 묵상하는 가운데 다른 위치로 이동하면서 교회는 관계의 또 다른 다양함을 경험한다. 그런 가운데 교회는 더욱 관계적으로 교회다워질 수 있다. 단순한 융합이 아닌 개별이 함께 상존하는 교회, 단순히 정서적 거리감만 없는 것이 아닌 의미 있는 정서적 거리감도 존재하는 교회, 그것이 바로 오늘 우리 관계적 교회가 추구하는 건강한 모습이다.

5장

부흥하는 목회사역을
위하여

우리는 이제까지 관계적 목회의 이론과 실제를 살펴보았다. 1장에서는 신학적 입장에서 관계의 의미를 살피고 그리고 그것이 어떻게 신학적 차원에서 교회의 사역 안으로 들어올 수 있는지를 살폈다. 주로 마틴 부버와 에밀 부르너 그리고 스텐리 그렌츠의 깊고 풍성한 철학적, 신학적 사고에 근거한 것들이었다. 인간의 삶은 기본적으로 관계에 기반한다. 하나님께서 이 세상을 창조하시고 인간을 그 피조된 세계 안에 위치시키신 이래 인간은 관계 안에서 그 삶을 발전시켜왔다. 문제는 관계에 대한 관점이고 관계의 방식이다. 서구 철학이 밝힌 바에 의하면 인간은 오랜 세월 자기 외의 주변 존재들을 상대화하고 도구화했다. 마틴 부버가 지적하는 '나와 그것(I and it)'의 관계이다. 소위 데카르트의 철학에 의해 확장된 이런 생각은 근대사회를 크게 지배했다. 인간은 자신의 인식 연장선에 위치한 모든 타자들을 그것이 인간이든 다른 피조물이든 관계하지 않고 자기중심의 존재 확장과 인식 확장의 도구로 삼았다. 물론 타자의 도구화라는 것은 자기 자신도 포함되는 일이었다. 세상에는 '나' 이외에도 무수히 많은 '나'가 존재하기 때문이다. 무수하게 많은 '나'들은 자기 외의 모든 '나'들을 객관화 하고 타자화 하면서 동시에 도구화했다. 도구화된 타자들은 자신을 타자로 인식하는 그 '나'에 의해 격이 낮아졌다. 그리고 '이용' 당하고 '소모' 당했다. 근대화된 '나'들은 그렇게 세상을 도구화하여 세상을 자기중심으로 도구화하고 고갈시켰다. 마틴 부버의 '나와 너'의 관계 회복 주장은 여기서 주효하다. 세상의 모든 '나'는 타자인 '나'들을 '나'로 여기고 존중해야 한다. 그렇게 동등자 입장에서 관계를 형성하게 될 때 비로소 우리는 진정 진일보한 인간 사회를 구현하게 된다. 관계의 중요성은 이렇게 우리 인간 삶에서 중요한 위치를 차지하게 되었다.

관계의 중요성은 이어서 신학의 세계에도 영향을 미쳤다. 신학은 세상을 나로부터 분리시켜 객관적 타자로 두고 그들을 도구화하는 것에 익숙한 세상 만들기에도 일조했다. 그렇게 하는 것이 하나님께서 만들어 주신 세상을 멋지게 사는 방법이라고 생각했던 것이다. 그러나 1차 대전의 참혹한 현실을 지나면서 신학계는 크게 반성했다. 그리고 관계적 사고에 근거하여 세상을 다시 들여다보기 시작했다. 소위 관계적 신학의 시작이다. 칼 바르트가 그 포문을 열었다고 하지만 사실 관계의 중요성을 신학 안에서 크게 확장시킨 것은 에밀 부르너의 공이 크다. 부르너는 하나님과 인간의 만남을 중요하게 여겼다. 하나님과 인간이 은혜 아래 형성하는 관계의 중요성을 부각한 것이다. 그러자 모든 것이 인간 중심이던 당대 신학에 큰 바람이 불었다. 하나님을 중심으로 하되 하나님이 인간 편으로 오신 의미를 강조하는 관계 중심의 신정통주의 신학이 크게 각광을 받게 된 것이다. 교회의 하나님에 대한 인식과 세상 인식과 인간 인식도 크게 바뀌게 되었다. 하나님은 이제 인간의 이성의 보편적 자아로만 오시지 않는다. 하나님은 인간의 실존 가운데로 오셔서 그 실존의 현실적 한계에서 인간과 만나신다. 그리고 그를 보다 나은 인간 실존의 미래로 인도하신다. 여기서 중요한 것은 하나님과 인간의 만남이며 십자가 중심의 관계이다.

그러나 관계적 관점에서 하나님과 세계 그리고 인간을 바라보는 신학적 작업은 최근에야 정리되었다. 스텐리 그렌츠는 하나님에 대한 이해 자체를 관계적 맥락에서 바라보았다. 삼위 하나님은 사랑으로 상호 침투하는 관계로 존재하신다. 성부 하나님은 성자 하나님과 성령 하나님을, 성자 하나님은 성부 하나님과 성령 하나님을, 성령 하나님은 성자 하나님과 성부 하나님을 사랑 안에서 서로의 사역에 관여하는 가운데 한 분 하나님으로 존재하신다. 결국 세상은 삼위 하나님의 상호 침투적 관계 가운데서 창조되었고 그 하나님의 은혜로운 섭리 가운데 존재하게 된다. 중요한 것은 여기서 그리스도인의 관계적 존재 방식의 틈이 발견된다는 것이다. 하나님께서는 창조 이래 구속하시는 은혜의 여정 내내 인간을 당신의 관계적 삼위 존재 안으로 이끌어 들이신다. 하나님께서는 인간을 당신의 사랑 안에서 상호 침투하는 관계로 이끌어 들이시고 당신의 관계적 존재를 확장하신다. 결국 그리스도인은 삼위 하나님과의 관계 안으로 들어서면서 새로운 존재 방식에 눈 뜨게 되고 새로운 존재로서 건강한 관계적 삶의 길을 열게 된다. 나아가 세상 모든 인간과 피조물들을 삼위 하나님과의 관계 나눔 안으로 이끌어 들이는 사명을 갖게 된다.

2장은 1장에서 다룬 신학적이고 철학적인 측면에서의 인간의 관계 특히 그리스도인의 관계를 성서적으로 살펴본 것이다. 2장의 관계적 입장에서 본 성서는 보다 더 스텐리 그렌츠의 신학과 근접해 있다. 성서의 시작은 삼위 하나님의 관계적 나눔이다. 하나님은 창세 이전부터 관계적 나눔 가운데 계셨고 그 나눔을 상호 사랑으로 온전하게 하셨다. 그리고 하나님의 사랑어린 관계 나눔은 결국 이 세상이 창조되는 결정적인 동력이 되었다. 하나님께서는 사랑 안에서 상호 관계하시는 가운데 서로의 뜻을 온전하게 하는 차원에서 이 세상을 창조하셨다. 성부 하나님은 사랑으로 세상을 창조하시려는 뜻을 품으시고 성자 하나님은 아버지 하나님의 뜻이 이 세상 가운데 실현되도록 하는 원리로 아버지 하나님을 도우셨다. 더불어 성령 하나님은 성부 하나님과 성자 하나님의 사랑 어린 세상 창조가 구체화 되도록 하는 동력으로 사역하신 분이시다. 성부와 성자 그리고 성령 하나님은 당신의 사랑이 더욱 충만하여 확장되기를 바라시는 차원에서 이 세상을 창조하셨으며 인간을 포함한 세상 모든 피조물들을 사랑어린 관계의 나눔 가운데 세우셨다.

안타깝게도 세상, 특히 인간은 하나님의 뜻에 반하는 스스로의 의지로 하나님과 분리하고 독립하여 존재하려 했다. 그리고 자기를 중심으로 이 세상의 질서를 세우려 했다. 하나님의 관계적 나눔으로 창조된 세상에 위기가 도래한 것이다. 그 위기는 하나님의 의지로 창조된 세계가 하나님에게서 멀어지고 떨어져 독립하려는 위기를 말하는 것이 아니다. 그 위기는 이 세상이 하나님 아닌 인간 중심의 질서로 변질되어 세상 모든 피조물들이 자기중심적 인간에 의해 소모되고 고통 받게 되었다는 차원에서 위기를 말하는 것이다. 위기는 인간이 원하는 자기중심의 세상을 만들기는 했다. 인간은 그 위기의 세상에서 다른 모든 피조물들을 자기중심의 관계로 끌어들이고 도구화하여 사용했다. 결국 하나님과 단절된 채 홀로선 피조세계에는 고통이라는 결실이 나타나게 되었다. 그리고 인간과 세상 모든 피조물이 경험하는 고통은 인간과 피조물 스스로 해결할 수 없는 것이었다.

해결의 방법은 오히려 하나님 편에서 왔다. 적어도 성경은 그렇게 이야기한다. 성경은 하나님 편에서 하나님의 노력과 열심으로 인간에 임하는 구원의 은혜를 이야기한다. 하나님은 그 노력과 열심히 인간과 피조물들을 다시 삼위 하나님의 관계 안으로 끌어 들이기를 원하신다. 그 노력은 아담과 그 아들 가인의 불순종으로 실패했지만 하나님은 중단하지 않으셨다. 하나님께서는 셋과 그 계보에 선 하나님의 백성들을 통해 더욱 확장하셨다. 노아와 아브라함, 족장들은 그 계보에 서서 하나님과의 관계를 온전히 회복하려 했던 사람들의 이야기다. 노아와 아브라함 그리고 족장들로 이어지는 하나님의 백성들의 계보가 꾸준히 안정적이었던 것은 아니었다. 하나님의 관계 회복을 위한 하나님 백성들의 사용은 심심치 않게 위기에 직면했다. 이스라엘 백성들은 대표적인 사례이다. 선택된 하나님 백성들로 이 땅 가운데 세움 받은 이스라엘은 원래 제사장의 나라가 되어 세상 모든 인간들과 피조물들을 하나님과의 온전한 관계 안으로 이끌어 들이는 중보자의 사명을 받았다. 그러나 그들은 내내 실패했다. 그들에게는 그들을 깨우치고 돌이킬 선지자들이 필요했다.

하나님의 관계 회복을 위한 궁극적인 해결 방법은 오히려 하나님 자신에게서 나왔다. 바로 예수 그리스도의 메시아 되심과 십자가 사역이다. 예수님께서는 메시아로 이 땅에 오신 후 그 모범된 삶과 십자가 사역으로 세상을 하나님과의 온전한 관계로 인도하는 일에 성실하셨다. 그리고 죽으심과 부활하심으로 그 일을 완수하셨다. 또한 예수님께서는 새로운 이스라엘로 불리는 제자 공동체를 통해 관계 회복의 사역을 확장하셨다. 예수님의 제자 공동체 즉, 교회는 성령의 도우심으로 이 세상 가운데 진리 공동체로 서서 세상 모든 피조물들을 하나님과의 온전하여 평안한 관계로 다시 인도하는 사명을 감당한다. 역사속의 교회는 삼위 하나님과의 관계 회복을 위한 사명을 위해 존재한다. 역사적 교회는 하나님 나라가 도래하는 그날까지 세상 모든 피조물들을 하나님과의 온전한 관계 안으로 인도하는 중보 사역을 위해 최선을 다해야 한다. 그렇게 해서 예수 그리스도의 재림을 통해 하나님 나라가 도래하는 그 순간, 교회와 교회 공동체 뿐 아니라 세상 모든 피조물들이 최초 세상이 창조되던 순간 하나님의 기쁨을 공유했던 그 모습을 누릴 수 있도록 해야 한다.

이어서 3장에서 우리는 관계를 통해 세워지는 교회에 대해 이야기를 나누었다. 특히 폴 틸리히의 상호관계의 신학과 루이스 쉐릴의 기독교교육 그리고 로널드 리처드슨의 관계 시스템으로서 교회 연구를 기반으로 관계로 온전해 지는 교회의 구조와 내용 그리고 방법을 함께 나누었다. 우선 폴 틸리히는 기본적으로 신정통주의 신학의 관계적 입장을 유지하면서 그만의 독특한 인간 실존과 문화적 입장을 제안하고 있다. 칼 바르트를 비롯한 유럽의 주류 신정통주의 신학자들이 주로 하나님 편에서 회복되고 완성되는 관계를 강조하고 있다면, 미국으로 건너와 활동하던 폴 틸리히는 보다 문화적 측면에서 인간 문화의 다양성을 고려한, 다양한 인간 실존의 측면에서 하나님과의 관계를 말하고 있는 것이다. 폴 틸리히의 신학적 입장은 결국 인간 실존과 삶의 다양성을 고려한 하나님의 인간 만남을 강조한 것이다. 폴 틸리히의 소위 문화신학적 입장은 결국 인간의 실존적 상황을 고려하는 측면의 교회론을 가능하게 했다.

폴 틸리히의 문화신학적 입장과 그에 근거한 교회론은 루이스 쉐릴의 인간 심리 맥락을 고려한 교회 사역의 가능성을 확장했다. 루이스 쉐릴은 교육적 측면에 초점을 맞추어 교회의 사역이 인간 실존적 측면과 심리적 측면을 고려한 것이어야 한다고 주장한다. 그래서 교회의 사역이 보다 인간 실존과 심리적인 상황을 고려한 것이어야 한다고 말한다. 그러나 쉐릴에게서 무엇보다 중요한 것은 그가 '고양'의 측면을 강조한 것이다. 쉐릴은 교회가 인간의 주어진 실존적 현실을 살피는 것은 그를 교회가 제공하는 신학적 현실로 이끌어 들이기 위한 중요한 사역이라고 말한다. 그런데 쉐릴은 교회에 의해 고려된 실존하는 인간의 현실은 하나님의 은혜로서 예수 그리스도의 십자가를 통하여 구원받은 현실로 올라서야 한다고 주장한다. 인간적인 삶의 다양한 현실은 교회가 제공하는 예수 그리스도의 십자가 앞에서 보다 진일보되어 성숙하고 성장한 하나님의 현실로 고양되어야 하는 것이다. 교회는 이런 식의 인간 심리와 실존에 대한 고려와 신학적 고양의 사역 과정을 통하여 한 인간으로 하여금 하나님을 만나게 하고 구원을 체험하게 하며 보다 나은 인간으로 자라갈 수 있도록 이끌어야 한다.

폴 틸리히와 루이스 쉐릴의 관계적 맥락의 신학과 교육은 이제 로널드 리처드슨의 도움으로 보다 실제적인 교회 즉, 정서적 시스템으로서 교회와 그 사역으로 발전한다. 리처드슨에 의하면 교회는 보다 심층적인 정서적 구조를 가지고 있다. 교회는 한편으로 하나님의 은혜와 예수 그리스도의 십자가 사랑, 그리고 성령의 역동하는 능력 가운데 역사 속에서 형성된 일관된 전통을 기반으로 이루어진 공동체이며 조직이다. 그러나 교회는 다른 한편으로 개별적인 관계의 역학 구조 안에서 각 개별자들의 실존적, 감정적 해석을 수반하는 주체적인 자기주장으로 얽혀 있기도 하다. 융합과 개별이 상존하는 구조인 것이다. 결국 교회의 관계는 역사 가운데 일관되게 드러나는 하나님의 뜻과 각자 자기 실존에 근거한 그 뜻 개별적 해석의 양 극단이 존재하는 특이한 관계 구조를 가진다. 로널드 리처드슨은 교회 공동체가 이 특이한 관계 역학의 구조에서 각 관계가 형성하는 고유의 특별한 위치들을 파악하고 이해하는 가운데 교회의 교회다움을 발전시킬 수 있다고 말한다. 즉, 하나님의 교회 가운데 임하시는 일관된 구원의 의지와 그것을 각자의 실존에 근거하여 해석하는 가운데 발생하는 교회 내 다양한 관계 위치를 설정하고 그 경향성에 근거하여 목회 사역을 시도해야 한다는 것이다. 각 개인의 실존적, 정서적 거리감과 교회 전통의 융합과 개별이라는 종과 횡으로 이어지는 역학 관계상의 위치 설정의 중요성을 제안하는 것이다. 로널드 리처드슨의 관계 시스템으로서 교회에 대한 이해는 관계적 목회 사역을 위해 매우 유용한 도구가 되어 주었다.

　마지막으로 4장은 관계적 목회의 실제를 다음과 같이 제안했다. 군더더기를 빼고 다시 한 번 정리를 해 보면 다음과 같다. 첫째, 관계적 목회 리더들은 교회 내 관계들의 위치를 주어진 네 가지 범주를 중심으로 설정해야 한다. 교회의 목회 리더들은 공동체 내에 형성되는 다양한 관계들이 정서적 거리감에 관하여 그리고 교회적 비전에 대한 융합 혹은 분화의 관점에서 어떤 위치에 있는지를 파악해야 한다. 그래서 교회 공동체 내 각 관계들이 어떤 경향을 가지고 있는지를 범주적으로 판단할 수 있어야 한다. 둘째, 관계적 목회 사역은 교회 내 관계들의 위치를 해석해야 한다. 교회의 목회 리더들은 교회가 보다 더 관계적일 수 있도록, 발생한 다양한 관계들의 위치와 그 경향성들이 갖는 의미들을 신학적으로 혹은 교회 사역적 측면에서 해석할 줄 알아야 한다. 그래서 공동체의 현재 관계적 위치가 갖는 영적 의미와 교회론적 의미 그리고 사역적 의미들을 파악, 설명해야 한다. 교회 공동체가 형성하는 관계의 의미 파악은 보다 교회 공동체다운 관계로 진보하기 위해 중요한 사전 단계 설정이라고 볼 수 있다. 셋째, 관계적 목회 사역은 십자가 정신에 근거하여 교회 내 관계들의 고양과 이동 과제를 제안한다. 마지막으로 목회 리더들은 관계적 교회 구축을 위하여 교회의 현재 관계적 위치들이 십자가 사랑의 정신에 근거하여 진일보하는 의미에서 이동하도록 해야 한다. 그 이동의 의미는 앞서 이미 이야기한 바와 같이 네 가지 범주를 넘어서는 제5의 범주로의 이동을 의미하지 않는다. 교회의 목회 리더들은 십자가 정신에 근거하여 네 가지 범주 내 이동을 권장하고 격려해야 한다. 그래서 거리감에 관한 이동과 융합 및 분화에 관한 이동이 발생하는 가운데 보다 더 십자가 정신을 나누는 일이 깊어지고 풍성해지도록 안내해야 한다.

사실 이 책은 아주 많은 부분, 관계적 목회의 이론과 그것에 근거한 실제적 적용의 틀을 이야기하고 있다. 빠진 것이 있다면 그 실제 활용의 사례들이다. 사실 그 사례들은 이제부터 만들어가야 할 것 같다. 사례를 만들어가는 일은 매우 지난한 작업이다. 이론적 토대를 놓고 그것에 근거하여 만들어진 가설을 전제로 실천의 구조를 실험적으로 도입하는 일이 늘 그렇다. 실제 적용을 위한 틀을 현장에 설치해 두고서 그 틀에 근거하여 현장을 들여다보고, 재구성하고, 또 실천해 보는 일을 무수히 반복하고서야 이론적 가설이 타당한 것이었음을 입증하게 되는 것이다. 과학계 특히 사회과학적 연구를 하시는 분들은 잘 아시겠지만. 이런 식의 실험 특히 사람과 집단, 공동체와 사회를 대상으로 하는 실험적 검증이라는 것은 그 가설과 실험을 위한 틀 작업이 매우 중요하다. 그리고 나서 지루하리만치 찬찬히 주어진 실험 현장을 들여다보고 분석하는 일이 그 다음 중요하다.

어쨌든 '관계적 목회의 이론과 실제'는 이제 실전적인 현장 분석의 과제를 갖고자 한다. 융합과 개별, 정서적 거리 유무를 이중적 분석 도구로 두고서 교회 현장 안에서 발생하는 다양한 관계 양상들을 관찰하고 설명한 뒤 그 추이를 분석한 뒤 제안하는 일은 이 책에 이어서 풀어야 할 과제이다. 이 책은 책을 읽는 분들에게 관계적 목회를 위한 실천의 제안을 말하지 않으려 한다. 오히려 글을 쓴 이에게 더욱 과중한 과제를 제안하려 한다. 글쓴이의 다음 과제를 위해서는 다음의 몇 가지 제안이 필요할 것 같다. 첫째, 관계가 살아 있는 어느 교회 현장을 실험적 분석의 대상으로 선정하는 일이다. 관계가 살아있는 교회 현장이란 목회적인 차원에서, 사역적인 차원에서 그리고 신앙적인 차원에서 실질적인 관계가 발생하는 현장을 말한다. 당연히 한국교회 주류 대형교회는 여기서 배제된다. 과도하게 큰 교회들은 이 책이 말하는 관계가 발생한다고 보기 어려운 현장이다. 단, 그 교회들 내 작은 그룹들 내에서는 그 그룹에 목회자와 평신도 지도자, 그리고 일반 평신도들이 존재한 한에서 얼마든지 조사와 분석이 가능하다고 본다. 결국 관계적 목회 사역의 현장 분석은 300~500명 사이 교회가 가장 적당하다. 이는 한국교회 대부분을 차지하는 현장이다. 300~500명 사이 현장은 담임목회자와 부교역자, 평신도 지도자와 일반 평신도 사이에 다양한 관계가 형성되는 공간이다. 이 공간이야말로 관계적 맥락에서 양상을 분석하고 그 발전적 대안으로서 이동과 고양을 제안하기에 적절하다.

둘째, 관계적 맥락에서 교회를 분석하는 일은 교회 내 모든 관계들에 대한 양상 분석을 의미한다. 대상으로 선정된 교회는 교회 내 네 그룹에 소속된 각 구성원들이 개별적으로 발생시키는 다양한 관계적 양상들을 수렴할 수 있어야 한다. 말하자면 담임목회자와 부교역자 사이 모든 관계 양상들과 담임목회자와 평신도 지도자 사이 모든 개별 관계들, 담임목회자와 일반 평신도 사이 모든 개별적인 관계들을 융합과 개별, 정서적 친밀감과 거리감이라는 두 축 사이 함수 관계로 분석하는 것이다. 그렇게 300명의 각 개개인들이 나머지 299명의 대상들과 관계하는 양상을 살피고 설명하는 일은 이 책이 가설적으로 제안하는 생각들을 현장감 있게 설명하는 중요한 작업이 될 것이다. 300명의 목회자, 평신도 지도자 그리고 일반 평신도들이 교회를 중심으로 대상들과 형성하는 관계들에는 일정한 추이라는 것이 있게 마련이다. 관계적 목회 사역에 대한 현장 연구는 개별 교회들이 만들어가는 관계적 추이들을 통계적으로 살필 수 있어야 할 것이다.

세 번째, 관계적 맥락에서 설명된 교회 현장은 이제 교회의 전통과 목회 사역의 비전에 근거하여 무엇보다 십자가 신앙 고백에 근거하여 보다 교회다운 이동과 고양을 제안할 수 있어야한다. 교회 현장이 형성하는 관계 맥락들은 하나님의 세상 구원을 위한 뜻과 예수 그리스도의 십자가 구원 사역의 방식에 근거하여 진일보해야 한다. 관계적 함수들에 의해 설명된 현재 위치에 그대로 있을 것인지, 아니면 십자가 신앙 고백에 근거하여 다른 영역으로 이동할 것인지를 살피는 일이다. 그렇게 만들어진 이동과 고양의 제안들은 교회의 관계적 목회를 통한 부흥의 실질적인 자료가 될 것이다. 그리고 교회는 이렇게 주어진 미래지향적 제안들을 관계적 목회 사역의 맥락에서 신실하게 풀어가야 한다.

관계는 상대적이다. 관계는 서로를 향하여 서서 서로를 향하여 몸짓(gesture)을 하는 것이다. 교회의 관계는 결국 하나님의 몸짓, 하나님의 예수 그리스도를 통하여 드러난 창조와 섭리, 구원과 새 나라 완성의 몸짓을 기준으로 형성된다. 그리고 고양되어 발전한다. 교회의 사역 특히 목회 사역은 하나님의 예수 그리스도를 통한 관계의 몸짓이 결국 세상을 하나님께로 인도하는 중요한 방식이 되었음에 집중해야 한다. 그것이 관계적 목회의 중요한 맥락이다. 오늘날 어그러지고 왜곡된 가운데 신음하는 교회들에게 말하고 싶다. 관계를 고민하는 것이야말로, 하나님의 관계하시는 방식에 근거하여 목회를 세우는 것이 오늘 우리가 선택해야 하는 부흥의 지름길이다.

책을 읽으시는 분들에게 추천하는
관계적 목회를 위한 책들

- Emil Brunner, The Divine Human Encounter, London: Hymns Ancient & Modern Ltd, 2012.

- John Bevere, 우수명 역, 관계, 서울: NCD, 2008.

- John D. Zizioulas, Being as Communion: Studies in Personhood and the Church, New York: St. Vladimir Seminary Press, 1997.

- Lewis J. Sherill, 이숙종역, 만남의 기독교교육, 서울: 대한기독교서회, 1992.

- Lawrence J. Crabb, 김명희 역, 영혼을 세우는 관계의 공동체, 서울: IVP, 2013.

- Leonard Sweet, 윤종석 역, 관계의 영성, 서울: IVP, 2011.

- Martin Buber, 표재명 역, 나와 너, 서울: 문예출판사, 2014.

- Paul Tillich, 차성구 역, 존재의 용기, 서울: 예영커뮤니케이션스, 2006.

- Ronald Richardson, 유재성 역, 교회는 관계 시스템이다, 서울: DMI, 2008.

- Ronald Richardson, 유재성 역, 교회는 관계 리더십이다, 서울: DMI, 2009.

- Stanely J. Grenz, 신옥수 역, 하나님의 공동체를 위한 신학: 조직신학, 서울: CH북스, 2003.

- Walter C. Wright, 양혜정, 관계를 통한 리더십, 서울: 예수전도단, 2002.

- 강준민, 관계의 법칙, 두란노, 2005.